RENÉ MEULENSTEEN & MAN UTD METHODS OF SUCCESS

曼联
巅峰时期的
训练笔记

[荷]雷内 · 梅乌伦斯滕◎著
周亢亢　水祎舟◎译

北京科学技术出版社

图书在版编目（CIP）数据

曼联巅峰时期的训练笔记 /（荷）雷内·梅乌伦斯滕著；周亢亢，水祎舟译 . — 北京：北京科学技术出版社，2022.9

ISBN 978-7-5714-2422-0

Ⅰ . ①曼… Ⅱ . ①雷… ②周… ③水… Ⅲ . ①足球运动 – 运动训练 Ⅳ . ① G843.2

中国版本图书馆 CIP 数据核字 (2022) 第 117827 号

策划编辑：曾凡容
责任编辑：曾凡容
责任校对：贾　荣
版式设计：优品地带
责任印制：吕　越
出 版 人：曾庆宇
出版发行：北京科学技术出版社
社　　址：北京西直门南大街 16 号
邮政编码：100035
电话传真：0086-10-66135495（总编室）　0086-10-66113227（发行部）
网　　址：www.bkydw.cn
印　　刷：北京宝隆世纪印刷有限公司
开　　本：720 mm × 1000 mm 1/16
字　　数：242 千字
印　　张：15.75
版　　次：2022 年 9 月第 1 版
印　　次：2022 年 9 月第 1 次印刷
ISBN 978-7-5714-2422-0

定　　价：139.00 元

作者简介

雷内·梅乌伦斯滕

前曼彻斯特联队一线队教练

执教成果

· 欧洲冠军联赛（UEFA Champions League）冠军 （2008）

· 英格兰足球超级联赛（English Premier League）冠军（2008、2009、2011、2013）

· 欧洲冠军联赛亚军（2009、2011）

· 国际足联俱乐部世界杯（UEFA World Club Cup）冠军（2008）

· 英格兰足球联盟杯（English League Cup）冠军（2009、2010）

· 阿拉伯杯（Arab Cup）[现为阿拉伯俱乐部锦标赛（Arab Club Championship）]冠军（1999）

· 卡塔尔王储杯（H.H. Apparent Cup）冠军（2000）

· 卡塔尔埃米尔杯（Emir Cup）冠军（2001）

雷内·梅乌伦斯滕持有欧洲足球协会联盟（Union of European Football Associations，UEFA）职业资格证，拥有丰富的与顶尖足球运动员合作的经验。

雷内·梅乌伦斯滕在曼彻斯特联足球俱乐部（以下简称“曼联”）效力了12年，在曼联最巅峰时期（2007—2013）担任主教练亚历克斯·弗格森（Alex Ferguson）爵士的一线队教练，负责一线队所有的训练。

执教曼联期间，雷内·梅乌伦斯滕致力提升克里斯蒂亚诺·罗纳尔多（Cristiano Ronaldo）、瑞恩·吉格斯（Ryan Giggs）、鲁德·范·尼斯特鲁伊（Ruud van Nistelrooy）、纳尼（Nani）、罗宾·范·佩西（Robin van Persie）等球员的个人技术和球场表现。

执教经历

· 澳大利亚国家男子足球队（Australia National Team）助理经理（2018— ）

· 澳大利亚国家奥林匹克足球队（Australia Olympic Team）助理经理（2018— ）

· 印度可拉拉足球俱乐部（Kerala Blasters）经理（2017—2018）

· 以色列马卡比海法足球俱乐部（Maccabi Haifa）经理（2016—2017）

· 美国费城联足球俱乐部（Philadelphia Union）技术顾问（2014—2015）

· 英格兰富勒姆足球俱乐部（Fulham FC）经理（2013—2014）

· 曼联一线队教练（2007—2013）

· 曼联一线队技术教练（2007—2008）

· 曼联预备队教练（2005—2006）

· 曼联队技能发展教练（2001—2006）

· 卡塔尔阿尔萨德足球俱乐部（Al Sadd）经理（2000—2001）

· 卡塔尔阿尔伊蒂哈德足球俱乐部（Al Etehad）经理（1999—2000）

· 卡塔尔国家男子足球队（Qatar Assistant National Team）助理教练、卡塔尔足协（Qatar FA）技能发展教练和卡塔尔 U-17 教练（1993—2001）

前言

1993年我移居卡塔尔，担任科化足球训练法的创始人维尔·科化（Wiel Coerver）先生的助理。我们的工作是为年轻球员建立基础，创造更好的训练环境。科化足球训练法的理论基于对世界级球员的分析总结，其结论是，这些球员之所以与众不同是因为他们的技术和能力足以让自己在比赛1v1的场境中占优势，他们是最令人兴奋的球员，也是对球队最有价值的球员。

在卡塔尔与维尔·科化先生合作期间，我亲身体验了正确的技术发展训练的有效性。后来，我在1999—2001年管理和执教阿尔伊蒂哈德（现改名为阿尔加拉法）和阿尔萨德2个足球俱乐部，它们是卡塔尔最优秀的2支球队。这使我有机会在一线队尝试并实施我的很多想法。我和助手、好朋友威姆·苏比尔（Wim Suurbier）合作，在2个赛季（阿拉伯杯、王储杯和埃米尔杯）中赢得了3座奖杯。我与威姆·苏比尔在那个时候的探讨增强了我对队员和比赛本身发展的信念。

威姆·苏比尔，富有冒险精神的右后卫，是阿贾克斯足球俱乐部（1964—1977）和荷兰国家队（1966—1978）全攻全守比赛风格的关键球员。当然，在全攻全守体系发展中，约翰·克鲁伊夫（Johan Cruyff）也发挥了不可或缺的作用。威姆·苏比尔曾代表荷兰队出战60次，踢过2场世界杯决赛。

我在卡塔尔执教的最后一个赛季，英格兰职业球员协会（Professional Footballers Association，PFA）的戴夫·理查森（Dave Richardson）与曼联队当时的学院经理莱斯·科肖（Les Kershaw）正在寻找技术教练，于是戴夫·理查森找到了我。

莱斯·科肖、戴夫·理查森及弗格森爵士是我2001年进入曼联队的伯乐，感谢他们对我在曼联期间的支持。在曼联担任技术发展教练期间，我的工作职责就是往返于研发中心与学院之间实施“技术发展计划”。计划内容包括对教练和父母的培训，以及修订周日比赛计划。我们没有踢8v8比赛，而是引进了4种不同的4v4比赛方式，以最大限度地提高球员的参与度、技术和兴趣。

许多年轻球员通过参与技术发展计划而取得了进步，他们有的继续为曼联一线队效力，有的则在其他俱乐部取得了不俗的成绩。

在技术发展计划之后，我开始和迭戈·弗兰（Diego Forlan）、鲁德·范·尼斯特鲁伊、瑞恩·吉格斯等人一起做一些个人技能训练（短期位置专项技能课程）。2005 年，弗格森爵士给了我执教预备队的机会。对我而言，这是将个人技能要素应用到 11v11 比赛场景的一次绝佳机会。当时，我已经清楚地知道弗格森爵士对球员的要求——坚定的信念和权威、快节奏、前场进攻时首当其冲。具体而言，就是需要球员有极好的想象力和进攻意图，通过良好控球来制造机会、进球得分；要求球员在球场上的多种 1v1 场景中占据上风，进而提高球场上的不可预测性，帮助预备队成为当时的三冠王。个人技能是比赛中的一个重要方面，也是训练中必不可少的关键方面。

2007 年，弗格森爵士任命迈克·费伦（Mike Phelan）为助理教练，提拔我为曼联一线队教练。在此之前我为很多一线队球员做过个人训练，所以这次的职位变动对我来说不是一个困难的转变。球员们了解我，我也了解球员们。自此，弗格森爵士就把日常训练任务委派给了迈克·费伦、我、埃里克·斯蒂尔（Eric Menally，守门员教练）、托尼·斯特拉德威克（Tony Strudwick）及他的力量和体能训练团队、史蒂夫·麦克纳利（Seve Menally，俱乐部医生）和西蒙·威尔斯（Simon Wells，当时的视频分析师）。接下来的 6 年被证明是曼联队历史上最成功的时期，在此期间，俱乐部创造了许多难忘的时刻。不同部门的工作人员和球员之间有很强的协作精神，现在回想起来，我认为这是空前绝后的。

教练团队的工作是为顶级球员在赛场内外提供最佳的支持。有一天，弗格森爵士对我说：“雷内，我们在训练中所做的一切都会体现在比赛中，无论是好的还是坏的！我们要求球员每周有 2~3 次世界级的表现，同理，他们也会期待我们提供给他们世界级的训练和赛前准备。”

写这本书使我有机会与读者分享我的观点和原则，这些观点和原则的形成在很大程度上是受维尔·科化、约翰·克鲁伊夫和弗格森爵士的影响。

在我执教期间，我的专业知识和经验帮助曼联一线队取得了 1 个欧洲冠军联赛冠军、2 个欧洲冠军联赛季军、4 个英超联赛冠军和 1 个联赛杯冠军。

在书中我将详细介绍俱乐部成功的架构组织，弗格森爵士的管理技巧、领导力、原则和比赛哲学；深入探讨技术发展的重要性、训练原则、射门技术等推动曼联走向成功的方方面面。

我希望读者通过本书对曼联一线队从训练场到比赛场要经历的所有训练都有深入的了解。本书中包含的曼联的技术训练和课程如下：

· 组织进攻
· 强弱侧转移
· 向前传球和跑动去突破防线
· 进攻压制
· 传中和禁区跑位
· 进攻配合
· 主导 1v1 和射门
· 防守阵型、压迫和反抢
· 由守转攻（反击）
· “弗格森时间”情境训练
· 更多训练

雷内·梅乌伦斯滕

本书的由来

在曼联担任一线队教练期间，我负责创建和指导所有的训练课程。

本书中的所有实践练习和训练课程都来自我记录、整理在笔记本和电脑上的每次训练课程，这些练习和训练课程及曼联的成功管理经验是本书的基本结构框架。

笔记本中记录了曼联一线队 6 个完整赛季的训练（2007—2013）

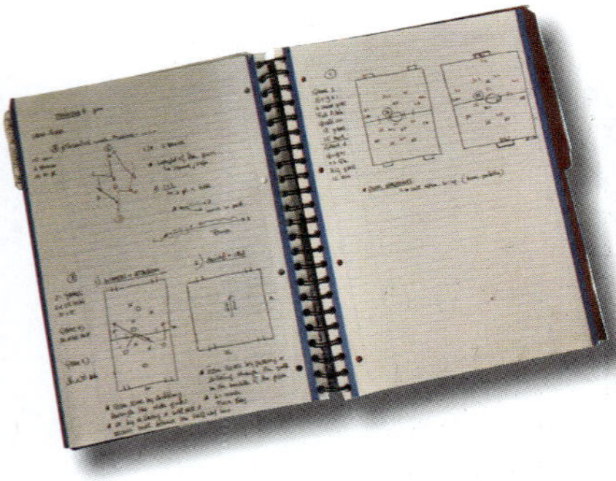

2007—2008 赛季季前赛的训练示例
（位置专项训练）

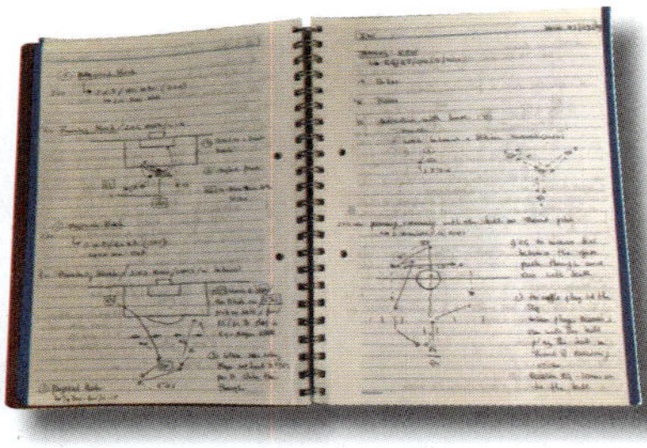

2008—2009 赛季的训练课程实例
（完成传球和带球跑）

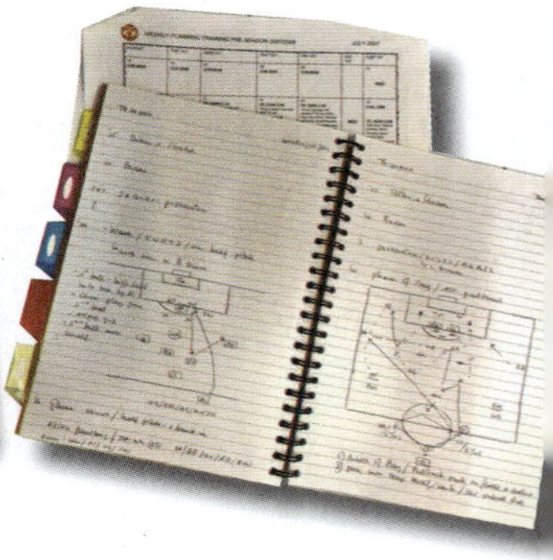

2010—2011 赛季的训练课程实例
（进攻波练习和比赛阶段 / 模式）

2011 年 5 月 6 日，在曼彻斯特的卡灵顿训练场进行的曼联一线队训练中，作者作为一线队教练与达伦·弗莱彻、瑞恩·吉格斯、韦恩·鲁尼交谈

我的所有训练课程都是经过深思熟虑和精心安排的。韦恩·鲁尼是一名乐于了解将要训练什么以及为什么这么训练的球员。无论是和整个球队、一组球员，还是和像韦恩·鲁尼这样的个人球员共同训练，训练都应该有确定的目标。

训练课程图示关键点和指导形式

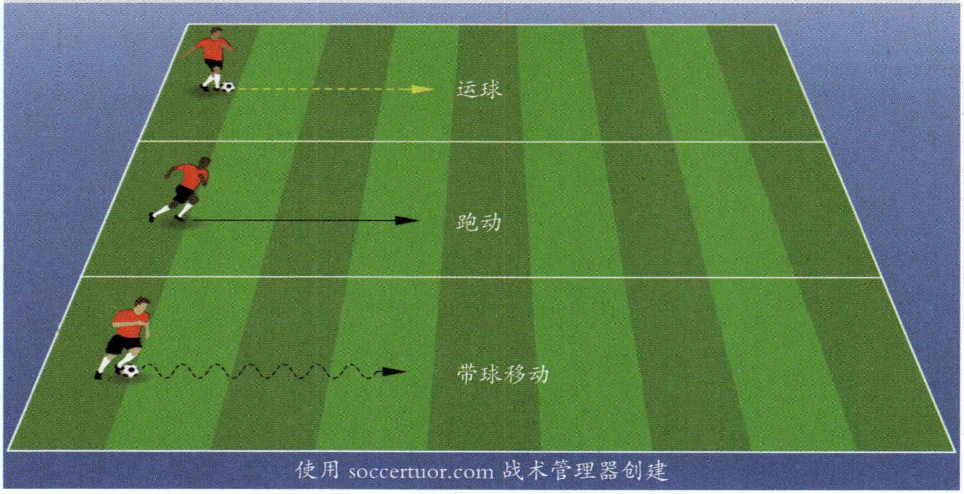

训练课程

包括主题名称、训练目标、完整的描述和变化、进阶变化、指导要点。

- 具体技术训练（1v1 射门）
- 热身与激活（速度和敏捷性，有球技术，传球配合套路）
- 控球比赛（小场地或大场地比赛并限制触球次数）
- 小场地比赛（各种小型比赛和更大的压制控球比赛）
- 设定条件的比赛（或战术准备比赛）
- 战术实践（波动练习或比赛、比赛战术模式和进攻配合）
- 大场地比赛（节奏、强弱侧转移、快攻组合或战术比赛）
- 情境训练（在 11v11 情境下于设定的时间进行射门训练）
- 射门训练（个人、小组或队伍训练）

注：

- 本书中的训练课程示例来源：作者带领曼联在曼彻斯特卡灵顿训练场训练的笔记（2007—2013）。
- 图例中的 LP= 串联球员，LB= 左后卫，LM= 左前卫，CB= 中后卫，RB= 右后卫，CM= 中前卫，LW= 左边锋，RW= 右边锋，GK= 守门员，yd= 码。
- 为了尊重原文，使阅读顺畅，本书中涉及的长度单位沿用码和英里，换算关系为 1 码 ≈ 0.95 米。

目录

1 曼联的巅峰时期

作者与克里斯蒂亚诺·罗纳尔多

克里斯蒂亚诺·罗纳尔多一直很喜欢个人技术训练，并且总会在训练结束后自己额外加练。

他深知技术性球员在球队中的重要性，他相信自己为比赛投入越多，就越能给球队带来不一样的东西。

2009—2010 赛季赢得英格兰足球联盟杯

2008 年 9 月 23 日，曼联队与英超联赛冠军奖杯、欧冠联赛冠军奖杯和社区盾杯奖盾在曼彻斯特的老特拉福德球场的合影

曼联在此时期为何如此成功?

有一名伟大的主教练

曼联如此成功的原因有很多，首先是因为有一位伟大的主教练弗格森爵士。弗格森爵士经验丰富、知识渊博、干劲十足，他是曼联成功的最强驱动力。

有水平高超的球员

想在最高水平的比赛中具有竞争力并且获胜，球队必须拥有世界级的球员。当时的曼联就拥有这样的球员，一线队球员的水平高超。

有经验的工作人员

弗格森爵士将优秀的工作人员聚到自己身边，和他们共同发展俱乐部的每个部门：医疗、体能、视频分析、球探和技战术训练部门。他聘请有经验的专业人员，以确保他们为一线队提供最好的支持。

弗格森爵士给予每个工作人员的信任、鼓励和绝对自由度让每个人都可以有最佳的表现。

团队的努力和竞争力

团队中的所有人都努力工作、有奉献精神和竞争力。球员和工作人员有着深厚的情谊、伟大的团队精神、团队合作意愿和获胜的决心。

2012 年 10 月 5 日，作者在英格兰曼彻斯特的卡灵顿训练场与一线队队员交谈

弗格森带领下的曼联取得成功的 8 个关键因素

强大的组织机构

俱乐部的文化和定位为：足球俱乐部必须拥有完善的决策层，这有助于明确俱乐部的文化和定位；决策层必须有明确的愿景（短期、中期、长期）和以成功为目标的雄心；决策层、董事会要以强大的领导力、正确的战略助推俱乐部雄心的实现；决策层必须为俱乐部的各个部门聘请专业知识过硬和经验丰富的工作人员；决策层负责用充足的财政资源和收入来源来支持俱乐部各部门的工作。

良好的管理

管理者必须具备专业知识和丰富的经验，能进行良好的沟通和合作。俱乐部要有明确的管理结构；有的足球俱乐部由足球总监或技术总监同主教练一起管理，有的足球俱乐部则是经理和首席执行官一起管理，曼联是由弗格森爵士和大卫·吉尔（David Gill）共同管理。

俱乐部的管理者必须有清晰的愿景并符合俱乐部的文化和定位；经理或主教练必须是好的组织者、沟通者和激励者；经理或主教练必须掌握资源，以确保有优秀的工作人员来支持一线队的日常训练。

高质量球员

曼联始终都在寻找世界级球员。曼联一线队的球员都非常出色。想在最高水平比赛中具有竞争力并且获胜，俱乐部必须拥有世界级球员。

我们有经验丰富的世界级守门员埃德温·范德萨（Edwin van der sar），还有一个强大的防守组合——内维（Neville）、费迪南德（Ferdinand）、维迪奇（Vidic）和埃弗拉（Evra）。

我们有斯科尔斯（Scholes），卡里克（Carrick）在中场，吉格斯、贝尔巴托夫（Berbatov）、鲁尼（Rovney）和罗纳尔多在前场进攻。这些都是可以帮助俱乐部赢得冠军的世界级球员。

我们还拥有布朗（Brown）、奥谢（O’shea）、弗莱彻（Fletcher）、朴智星（Park）、纳尼（Nani），以及拉斐尔（Raphael）、法比奥·达·席尔瓦（Fabio da Silva）、埃文斯（Evans）、维尔维克（Welback）和克莱维利（Cleverley）等阵容强大的年轻球员。

努力和竞争力

努力和竞争力可以充分调动球员和球队的积极性。世界上最好、最成功的球队拥有时刻准备好为彼此和团队努力工作的球员，而在曼联，这是我们大量拥有的。

每个球员在训练和比赛中都时刻保持竞争力。球队要在顶级联赛取得成功，每个球员都必须身体健康。

团队合作和团队精神

团队合作和团队精神是一个团队成功的关键因素，因为它们能构建良好的团队关系，使球员能够接受大众的较高期望并且尊重来自其他球员的批评，有助球员学习彼此的长处从而彼此更好地联系在一起，不断加深的队内合作会创造更辉煌的成绩。

优秀的团队成员都在共同竞争，共同努力（进攻和防守）。

比赛计划、战略和策略

一支成功的球队有能力通过掌握影响比赛的重要因素而引导整场比赛的走向。

首先必须确保比赛的计划、战略、策略始终是清晰的，球员们需要从训练及视频分析中获取清晰的比赛计划、战略和策略。

教练团队必须确保所采用的比赛策略和比赛风格适用于曼联及曼联优秀的球员，从而使整个球队获得最大收益，产生最好的结果。然而，即使是最优秀的球员，如果他们不付诸努力，那么再好的比赛计划也是徒劳的。

球员同样需要在对的时间做出对的决策——这也是优秀球员和世界一流球员之间、优秀的团队和世界一流团队之间的区别。球员的正确决策就是在对的时间合理地传球，当对手反攻时，在对的时间合理地犯规。

求胜欲和必胜的决心

球队在任何时候都要有必胜的心态和想要成为赢家的决心！

球员要渴望在训练和比赛中获胜，要有必胜的决心。

曼联一直在努力赢得所有奖杯、每场比赛。我们要思考的始终是“我们要如何取胜？”并且一刻也不松懈。

进球和零失球

进球意味着胜利，但是零失球意味着赢得奖杯。

要赢得比赛，球员需要有得分的能力——进球。我们始终在计算需要完成多少个进球才能入选即将到来的新赛季。在进攻中进多少个球？进多少个定位球？进多少个角球（头球）？前锋要进多少个球？边锋要进多少个球？将这些进球全部相加后，评估球队是否能达到或接近目标进球数。

不要退让！防守能力和稳定性是关键。在每场比赛里保持防守稳定性是曼联足球进攻风格中最坚实的基础。

玩笑与幽默的重要性

在曼联期间，令我记忆最深刻的就是我们常常开怀大笑。弗格森爵士极富幽默感。他喜欢捉弄别人，但是我们往往都可以接受。

2 弗格森爵士的管理、领导力和策略

作者与鲁德·范尼斯特鲁伊

针对鲁德·范尼斯特鲁伊的专业技术训练，我设定的目标是让他在前场的进球变得更加难以预料。

鲁德·范尼斯特鲁伊作为前锋，我对他在技术方面的训练要求更具专项性。当防守球员试图阻挡他射门时，他应该具备利用过人动作或假动作来获得更好的射门位置并完成射门得分的能力。

尽管最终的目的都是取胜，但是弗格森爵士始终以自己独特的方式帮助球队取得胜利。想要成为一名优秀的足球俱乐部管理者，你首先需要成为一个有远见的人。你必须问自己“我想实现什么？”

2011 年 5 月 30 日在英格兰曼彻斯特举行的曼联英超夺冠游行，弗格森爵士（左）和作者（右）与英格兰足球超级联赛冠军奖杯共同合影

然后问自己“我该如何实现它？是通过短期的策略、中期的策略还是长期的策略？”接着，制定策略。

最后，确定合适的人选实施策略。这就是弗格森爵士独特的管理方式。

（以上文字和图片引自 trainingground.guru 对作者的采访）

弗格森爵士的管理

期待

人们对弗格森爵士带领的曼联抱有最高的期待。弗格森爵士希望球员拥有100%的敬业精神，拿出同比赛时完全一致的态度进行训练。

弗格森爵士总是对球员说："你在训练中所收获的成果将会展现在你的比赛中。"他坚持训练要做到完善、合理，完善的训练会使球员越来越强大，合理的训练会使球队更持久。

弗格森爵士从不降低曼联的任何标准，他认为精益求精会提高球员的水平。

同时，他很清楚管理好每个球员的方式，对待新、老队员一视同仁。如果球员没有完成任务，他会立刻告诉他们，尤其是当球员态度出现问题的时候。

对球员来说，他们更多的是满足管理者、教练、俱乐部、球迷的期待。每当标准下降或者期望没有被满足时，就是弗格森爵士介入的时间。他只在必要时才这样做，因为此时介入更具影响力，也更容易被理解。

纪律

守时对弗格森爵士来说非常重要，球员们都明白这一点，因此会准时参加训练、开会或出发。

所有球员都必须铭记他们时刻都代表着曼联。

我在曼联期间，俱乐部没有出现过任何重大的纪律问题。俱乐部对专业球员实行高规格的管理，不允许任何人脱离轨道。

弗格森爵士带领下的曼联是一支自我激励的团队，每个人都在不断地追求成功。

动机

弗格森爵士对未来的期待总是乐观的。他对球员最常说的是"做得好"，同时他也总是提醒我和其他教练要对球员这样说。

弗格森爵士对胜利有着强烈的渴望，这种渴望也会感染所有的教练员和球员。

曼联的组织管理架构

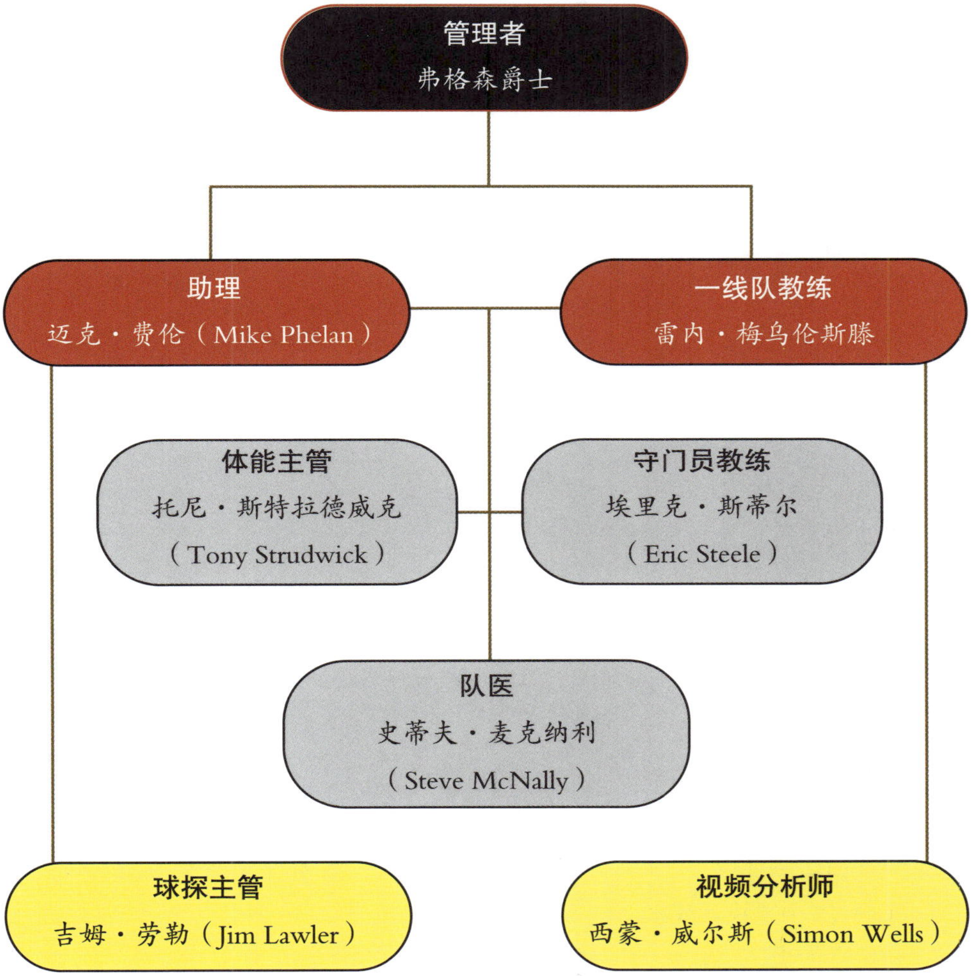

弗格森爵士对球员最常说的是“做得好”，他的态度一直是积极的。他也有着强烈的获胜欲望，所有教练组成员和球员都能感受到他的这种欲望。

教练组的角色和职责

在英格兰，只有弗格森爵士和阿尔塞娜·温格两位主教练管理过顶级足球俱乐部的所有部门。弗格森爵士百分之百地信任他的员工，给员工足够的自由，以使员工做最擅长的事。

我们知道什么是自己需要知道的，因此只要是自己能解决的问题，我们就不会去麻烦弗格森爵士。

在担任曼联一线队教练的6年里，在这个对奖杯充满期待的顶级球队中，我从未感到过来自教练组的任何负面能量或压力。

没有压力，只有公开透明的交流。弗格森爵士的门总是开着，他是一个伟大的倾听者。他当然有自己的想法，但他在做决定之前会听取每个人的意见，过滤信息，以做出最好的决定。

教练组其他成员各司其职、各有专长，弗格森爵士对每个人都给予充分的信任。

我、迈克·费伦、托尼·斯特拉德威克和埃里克·斯蒂尔负责训练和比赛准备，弗格森爵士负责技术、战术和视频分析。

我、弗格森爵士、迈克和埃里克会收到关于对手的详细球探报告，并在各自单独研究后和视频分析师西蒙·威尔斯一起开几次会。西蒙在会上会给我们提供相关的视频。通过分析视频，我们将决定训练策略、战术会议和即将到来的比赛的策略。

史蒂夫·麦克纳利负责医疗部门，对球员的健康负责。史蒂夫·麦克纳利和医疗部门的其他成员（理疗师和按摩师）、托尼·斯特拉德威克、迈克·费伦及我都有着密切的合作。

弗格森爵士也会密切关注球员们的伤病情况和恢复情况。

托尼·斯特拉德威克负责管理球员的体能状况、设计伤病预防练习。托尼成功的关键是他具备专业知识和经验，以及针对每个球员所做的专项训练计划。针对18~24岁的“高能量”球员、25~30岁的球员和30岁以上的球员，托尼都做了明确的体能训练项目计划。这些项目计划在训练阶段及球员的个人体能训练中都得到了很好的实施。除此之外，托尼和他的团队还负责测试和监测球员在训练中、比赛前和比赛期间的各种数据。在比赛日，托尼则负责常规热身的体能训练。

一线队教练的职责

- 计划、准备和开展训练课程。
- 与视频分析师西蒙·威尔斯共同分析对手并做相应的战术准备。
- 组织战术视频会议，让球员提前了解对手。

众所周知，弗格森爵士允许一线队教练设计所有的训练课程，这是真的，不用怀疑。在我担任一线队教练期间，弗格森爵士委托我、迈克·费伦、托尼·斯特拉德威克和埃里克·斯蒂尔全权负责训练课程。

弗格森爵士的原则是，由我们制定大多数训练课程的指导方针。除此之外，我们还会针对对手增加特定的训练课程。当然，弗格森爵士也会随时跟进重要比赛前的训练情况。

各教练组最终会与医疗部门一起商讨训练课程的细节。

我们不会因为之前的比赛而调整训练，因为我们的比赛原则一直都很明确。

教练组会和视频分析师西蒙·威尔斯在赛前准备 3 套出场阵容，这是因为弗格森爵士喜欢调动整个球队的积极性，所以每场比赛的首发阵容都有变化。

对我来说，能够影响和提高球员在下一场比赛中的表现是很重要的。我的很多分析都是为了提高球员的个人能力。

弗格森爵士一直强调要培养年轻球员，并在一线队给予他们参赛的机会。他对待曼联年轻球员的原则一直如此，从未发生改变。

在曼联担任技术发展教练期间，我引入了“技术发展计划”，这让很多年轻球员在队伍中不断进步，并最终进入曼联一线队，如丹妮·维尔贝克（Danny Welbeck）和杰西·林加德（Jesse Lingard），以及现在的一线队球员马库斯·拉什福德（Marcus Rashford）、斯科特·麦克托米奈（Scott Mctomminay）和梅森·格林伍德（Mason Greenwood）等。

主动的管理模式——当代足球管理者的职责

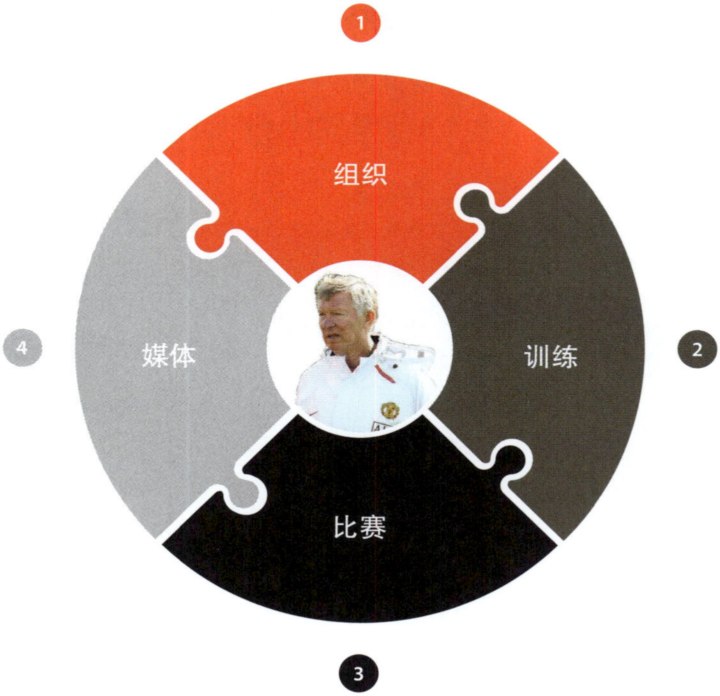

组织

为了实现团队目标，当代足球管理者必须确保自己具备良好的组织能力；梳理俱乐部各层级的管理线；与所有决策层、董事会成员保持清晰、开放的（多层的）沟通；明确俱乐部的结构，清楚各个角色及其职责；确保所有人都清楚球队的目标；不设定不切实际的，有关质量、资金或转变的目标；设定合理的短期目标，以成功实现长期目标；具备管理球员经纪人的能力。

训练

为了打造一支与众不同的队伍，当代足球管理者必须拥有好的助理和教练团队，和他们共同创造优质的训练课程；拥有比赛的智慧；拥有经验和专业知识；掌握训练的学问、发展的学问、加强团队合作的学问；确保团队的共同目标是建立一支与众不同的队伍。

比赛

当代足球管理者在赛前要做好赛前准备、组织战术会议、筛选参赛球员。

在比赛中，当代足球管理者要观察球员对抗术的应用情况与临场表现情况，制定可能的替换方案。

对于半场的管理，当代足球管理者在语言表达方面要明确是用激励性的语言还是战术性的语言，语言是传达给个人还是整支队伍？

对于下半场的管理，当代足球管理者要根据场上的比分情况（落后、平局或领先）做出换人的决策。

当代足球管理者对比赛的管理就是要确保战术成功。

媒体

当代足球管理者对媒体、俱乐部和粉丝的管理表现在有智慧地应对电视、报纸、广播、社交媒体，时刻树立球员和俱乐部的良好形象，满足粉丝的期待。

弗格森爵士的目标很清晰，那就是努力拼搏，尽可能获得更多的奖杯。他使这个目标成为俱乐部强有力的口号。

创造合适的环境，确保员工感到舒适，从而让他们发挥最好的一面；全体俱乐部成员为曼联俱乐部工作，共同去赢得每个赛季的英超联赛，去拿到每个赛季的冠军奖杯，却从未感觉到有压力。这些都归结为弗格森爵士的日常人事管理技巧。

弗格森爵士的领导力

性格

- 坚韧的性格和意志力
- 良好的沟通能力并受人欢迎

知识

- 专业的比赛知识及经验
- 充分了解球员的能力

人员管理

- 雇用合适的工作人员
- 相信所有人可以很好地完成自己的工作

职业精神

- 最早到达训练场
- 最晚离开训练场

期望

- 从来不降低标准
- 要求球员们互相鼓励

驱动力

- 渴望胜利
- 信守承诺

决策

- 强大的决策能力
- 听取周围人的建议

人员管理

- 保持积极
- 经常说“做得好”
- 尊重球员
- 保持幽默感

适应性

- 灵活应对不同比赛中的时机和转变
- 一直有追求进步的愿景

弗格森爵士清楚地知道如何管理每个球员，每当球员的水平下降或者没有达到预期时，就是弗格森爵士介入的时候。他只在必要时才这样做，因为这样才更具影响力，也更容易被理解。

弗格森爵士的策略

使用视频分析

视频分析是赛前准备的重要部分。我们应该尊重每个对手，并且从细节处分析他们的优势和劣势。视频分析的关键是判断趋势。西蒙·威尔斯是当时曼联非常优秀的视频分析师，他为技术教练提供相关数据，便于技术教练组织训练课程、队会以及为比赛做好准备。总之，我们的所有分析的焦点是“如何击败对手”。

根据不同的比赛对手制定相应的战术

我们的所有战术都是基于我们的实力，我们会以某种方式体现我们的实力，并以此来创造赢得比赛的最佳时机。

案例 1：在欧文·科伊尔（Owen Coyle）担任博尔顿漫游者足球俱乐部（Bolton）经理时，我们知道他们能赢得比赛的很大一部分原因是在比赛中创造尽可能多的任意球，并且利用任意球得分。我们会在与他们的比赛前向球员强调这一点，战术之一就是不给他们创造任意球和角球的机会。我们做到了这点，并且在客场轻松地赢了他们。

案例 2：客场对阵切尔西（Chelsea）足球俱乐部时，我们决定在大卫·路易斯（David Luiz）持球并向前推进时通过在中场拦截他的传球然后突破并得分，因为我们知道他会离开原本的位置而导致身后出现空当，这无疑存在丢球的风险。此外，我们一直在寻找机会组织进攻，让队员拉开到边线，利用倒三角传中和低平传中来压制约翰·特里（John Terry）和彼得·切赫（Peter Cech's）的空中优势。最终我们以 3 ∶ 2 的比分在斯坦福桥赢得比赛。

案例 3：阿尔塞纳·温格（Arsene Wenger）执教的阿森纳足球俱乐部（Arsenal）有一个特定的踢球方式——以控球组合的打法为主。阿森纳队员之间的进攻组织有明确的联系，如法布雷加斯（Fabregas）和范佩西之间，因此我们会通过战术部署来阻止这种情况发生。阿森纳的球员喜欢传脚下球，我们就会研究朴智星、鲁尼、罗纳尔多和纳尼的传球，以拦截他们的传球并快速反击。我们还发现了他们在 1v1 中存在的、我们认为相对薄弱的问题。在 2009—2010 赛季，我们最终在英超联赛以及欧冠半决赛中击败了他们。

需要分析的关键问题

- 我们的对手是谁？
- 我们在哪里踢球？
- 我们为了什么而踢球？
- 对方的优势和劣势是什么？
- 对方的优势和劣势的动向是什么？
- 对方的打法风格和体系是什么？
- 对方是喜欢前场控球还是喜欢防守反击？
- 谁是关键球员？
- 对手会对我们造成威胁的打法有什么特点？
- 我们需要防守的球员有多少？主力球员是谁？他的进球方式如何？
- 对方有没有踢定位球的高手？
- 对方丢球的情境有哪些？因此丢了多少个球？
- 对方丢了多少个定位球？

关键点：我们要有自己的比赛方式，这也是我们的主要关注点。但是，让球员很好地理解每场比赛、了解每个对手同样很重要，因为这样有助于球员做出小的调整，从而提高获胜的概率。

战术必须基于我们的优势

弗格森爵士常说：“我们的战术占我们获胜原因的 75%，另外 25% 来自对手。因为我们是曼联。”

他一直在强调我们有多优秀，我们有多强大。

许多球队反其道而行，即通过暴露对手的不足来使自己看上去优秀，以至于你会想：“哇，我们还有什么要去应对呢？”

弗格森爵士制定曼联面对不同防守线时的进攻战术

曼联战术——面对紧凑防线的站位

1. 面对高且紧凑的防线

- 进攻对手身后的空间。
- 将球推进对方半场最前沿的位置。
- 利用人数和速度优势进攻。

2. 面对居中且紧凑的防线

- 身后的空间。
- 身前的空间（防守线之间）。
- 边路的空间。

3. 面对深且紧凑的防线（禁区边）

- 前方的空间。
- 传中到禁区的边路空间。

4. 面对很深且很紧凑的防线（禁区内）

- 前场射门的空间。
- 边路倒三角传中的空间。

我们所有分析的焦点都是如何击败对手。

比赛示例 1：面对高且紧凑防线的进攻

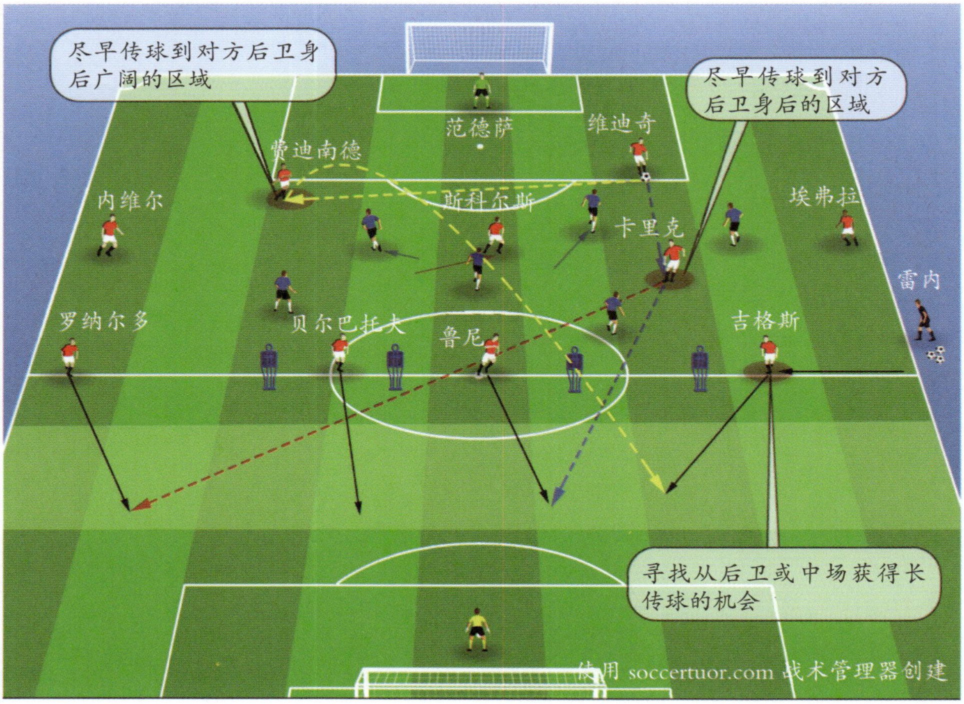

红方是 4-4-2 阵型。4 个蓝色的人体模型和 6 位跑动的蓝队球员代表高且紧凑的防线（消极防守）。

训练目标

通过防守示例说明对抗高且紧凑的防线时要尽早传球。

训练方法

· 第 1 种进攻方式。左中卫维迪奇将球传给中场队员卡里克，卡里克观察后将球向前传到对方高防线身后的区域，即将球传给对方右后卫和中后卫之间位置的前锋鲁尼（蓝色箭头），鲁尼在不越位的位置接球并且快速向前带球，从而创造一个进球得分的好机会。

· 第 2 种进攻方式。中场队员卡里克将球从两中卫之间斜传到对方高防线的身后区域（红色箭头），右边锋罗纳尔多在不越位的情况下在边路接球并在很好的位置将球传给队友，队友接球后轻松完成射门得分。

· 第 3 种进攻方式。左中卫维迪奇将球传给右后卫费迪南德，费迪南德接球后向前长传球，将球传到对方高防线身后的区域（黄色箭头）。左边锋吉格斯可以先内切跑动，然后在不越位的情况下接到这个长传球，从而获得一个很好的射门得分机会，也可以将球传给队友，让队友射门得分。

比赛示例 2：面对居中且紧凑防线的进攻

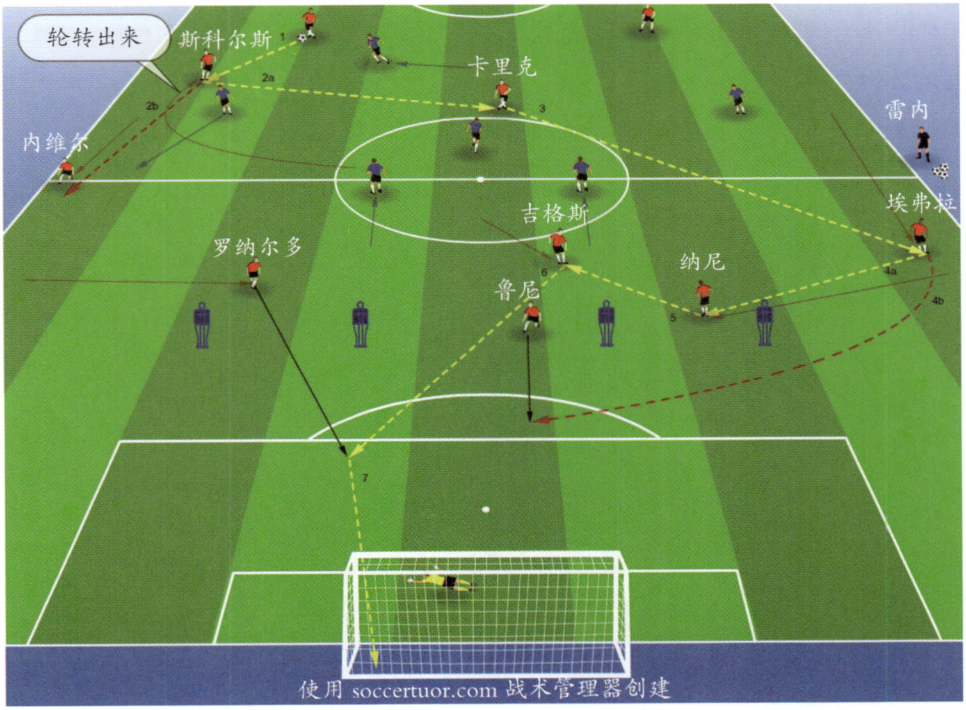

红队是 4-3-3 阵型。4 个蓝色的人体模型和 6 位跑动的蓝队队员代表防线（消极防守）。

训练目标

一名中场球员通过轮转创造三后卫打法，进而创造 5v4 的进攻局面。

训练方法

· 中后卫传球给中场已经轮转出来接应的斯科尔斯。

· 斯科尔斯可以传球给另一名中场卡里克（2a，黄色箭头），也可以传球给向前推进的右后卫内维尔（2b，红色箭头），具体战术取决于蓝队的动向或压迫。

· 卡里克传球给向前跑动的左后卫埃弗拉（左前锋纳尼已经内切创造了空间）。

·埃弗拉可以选择向内传球给纳尼（4a，黄色箭头），也可以选择越过后防线传球给前锋鲁尼（4b，红色箭头）射门得分。纳尼则可以向前跑动到蓝色人体模型后面，让埃弗拉在身后传球。

·纳尼把球传回给即将迎上来的前腰吉格斯。吉格斯将球从 2 名中后卫之间传给向肋部跑的右锋罗纳尔多，并在后面进行适当的跑动以避免越位。

·罗纳尔多接球后射门得分。

比赛示例 3：面对深且紧凑防线的进攻

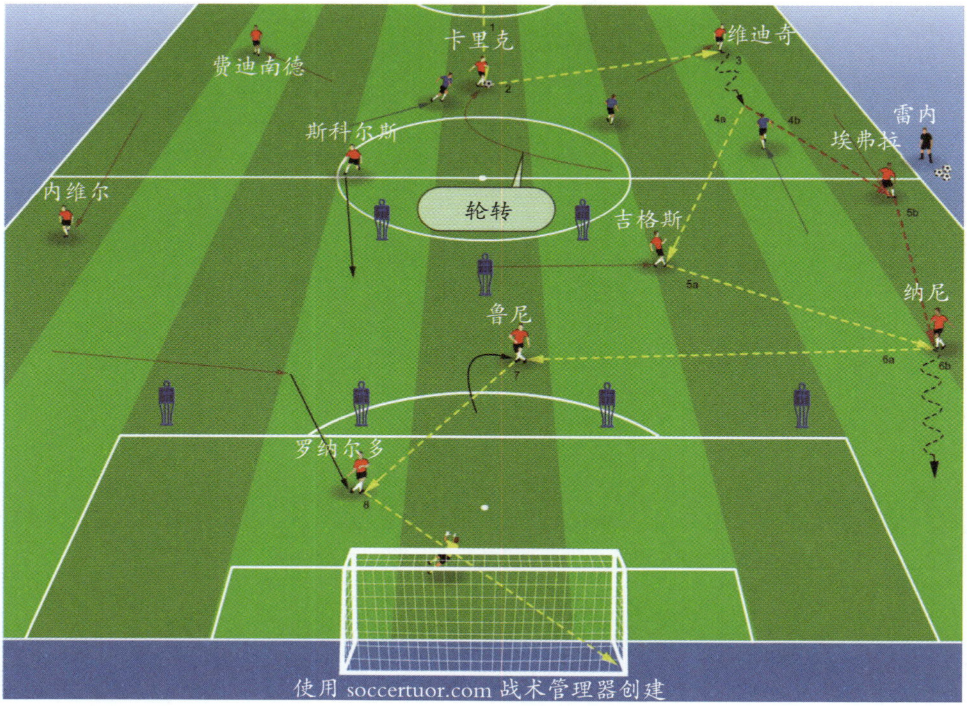

红队是 4-4-2 的阵型。大禁区外的 4 个蓝色人体模型代表对手的防线，中圈附近的 3 个人体模型代表中场，3 名跑动的蓝队球员为前锋（消极防守）。

训练目标

一名中场球员通过轮转创造三后卫打法，球队通过传球渗透来应对对方深且紧凑防线的压迫。

训练方法

· 守门员范德萨传球给中场卡里克，卡里克后退（轮转）接球。

· 卡里克在有防守压力的情况下将球传给中后卫维迪奇。

· 维迪奇向前带球，受到对方右边锋的压迫。

· 维迪奇可以传球渗透防线将球传给中场吉格斯（4a，黄色箭头），也可以传球给前方的左后卫埃弗拉（4b，红色箭头），具体取决于蓝队边锋的防守压迫角度。

· 吉格斯（5a）或埃弗拉传球（5b）给左边锋纳尼。

· 纳尼传中给禁区边缘接应的前锋鲁尼（6a），或者沿边路运球突破防线并传中（6b）。

· 鲁尼将球从 2 名中后卫之间传给向肋部跑的右边锋罗纳尔多，并在后面进行适当的跑动以避免越位。

· 罗纳尔多射门得分。

比赛示例 4：面对很深且很紧凑防线的进攻

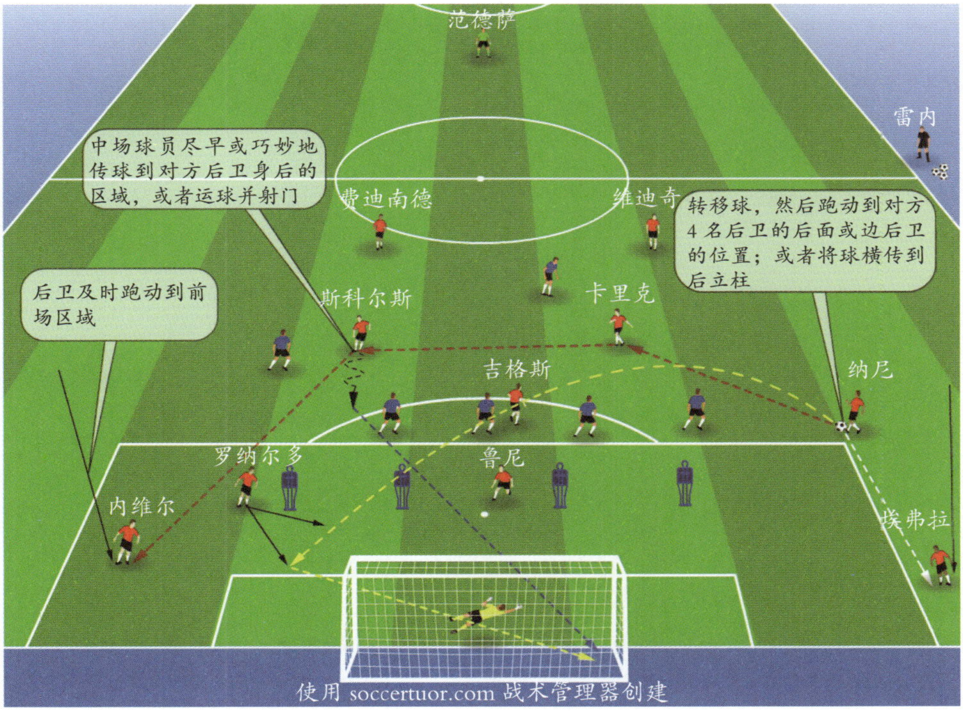

红队是 4-3-3 阵型。蓝队为 4 个人体模型组成的防线和 6 个跑动的球员（消极防守）。

训练目标

在禁区周围快速向后门柱跑动并传球。

训练方法

由于对方防线很深，曼联整个球队都在进攻半场，球在禁区附近。纳尼持球在禁区的左侧。中后卫在中场附近，两个边后卫都在很靠前的位置，3 名中场在中路，2 名前锋在禁区里等待传中。

此时，曼联有 4 个选择：

· 纳尼传球给左后卫埃弗拉，埃弗拉可以传中（白色箭头）。

· 纳尼回传卡里克，然后卡里克传球给斯科尔斯（红色箭头）。如果斯科尔斯有空间，则可以向前移动并射门（蓝色箭头）。

· 纳尼可以传球给右后卫内维尔（红色箭头），然后内维尔传中。

· 纳尼传中至后门柱给罗纳尔多或鲁尼（黄色箭头）。

曼联的战术——面对宽阔防线时的站位

1. 面对高且宽的防线

· 在防守队员之间的空间。

· 在防线后面的空间。

· 在对方的半场跑动以在防守队员之间或身前传球。

2. 面对居中且宽的防线

· 在防守队员之间的空间。

· 在防线前面的空间（各条线之间）。

· 在防线后面的空间。

3. 面对深且宽的防线

· 在防守队员之间的空间。

· 在防线前面的空间（各条线之间）。

· 在防线后面的有限空间。

4. 面对非常深且非常宽的防线（在禁区内）

· 前面射门的空间。

· 身后没有空间。

· 禁区内进攻的空间。

比赛示例 5：面对高且宽防线的进攻

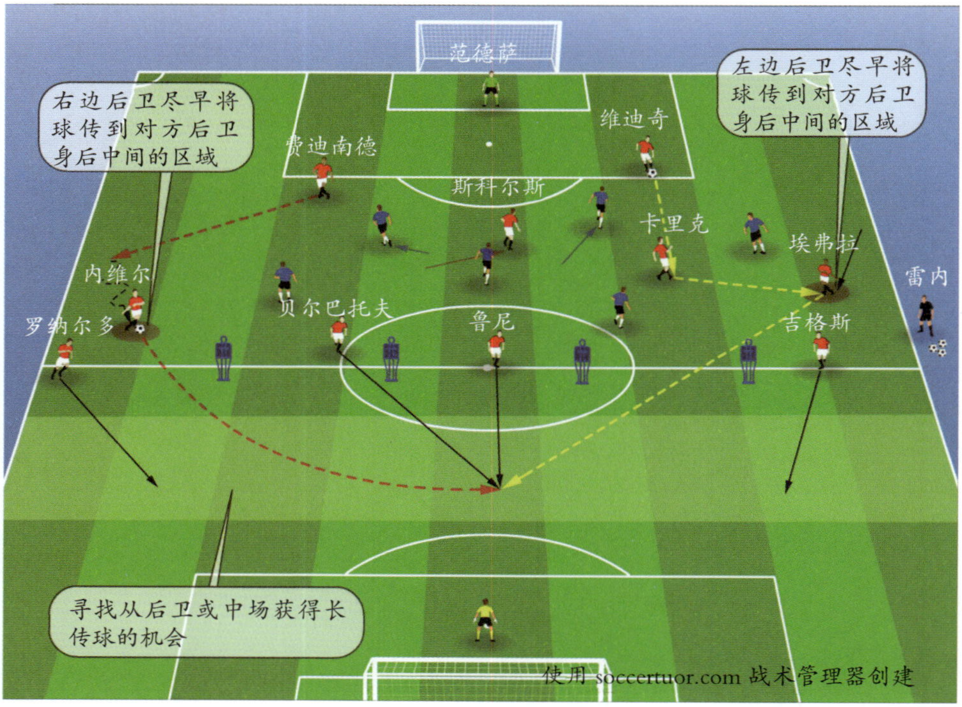

红队是 4-4-2 阵型。蓝队为 4 个人体模型组成的高且宽的防线和 6 个跑动的球员（消极防守）。

训练目标

尽早攻入对方高且宽的防线后方（有一些防守阻力）。

训练方法

· 第 1 种进攻方式。左中后卫维迪奇传球给中场卡里克，卡里克再将球传给左后卫埃弗拉。埃弗拉可以观察到高防线后面的空间，然后在右后卫和中后卫之间传球给向前跑动的前锋鲁尼，鲁尼调整跑动时机，接球并有很好的进球机会。

·第 2 种进攻方式。进攻路线在第 1 种方式的对侧。右中后卫费迪南德传球给右后卫内维尔，内维尔带球向前并进入对方高防线后面的空间。内维尔带球绕过右后卫并传球给前锋贝尔巴托夫，贝尔巴托夫则调整跑动时机，接球并有很好的进球机会。

比赛示例 6：面对居中且宽防线的进攻

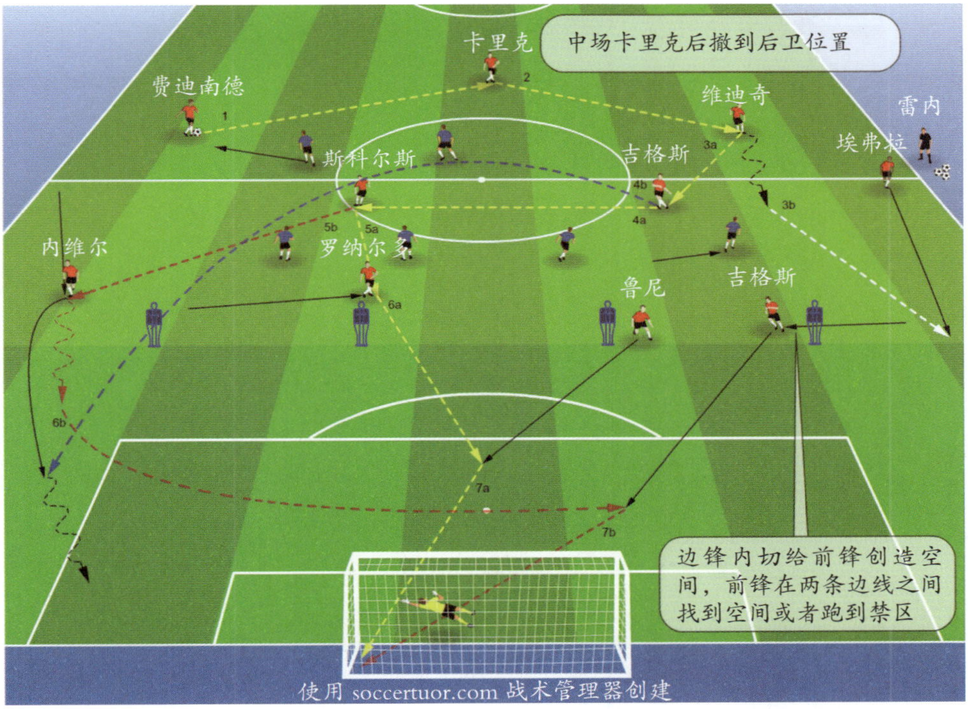

红队是 4-3-3 阵型。蓝队为 4 个人体模型组成的防线和 6 个跑动的球员（消极防守）。

训练目标

攻击居中且宽的防线，边锋向内移动，边后卫向上、向前推进。

训练方法

·中后卫费迪南德传球给中场卡里克，卡里克后撤至后卫位置并接住传球。

·卡里克传球给另一个中后卫维迪奇。

·维迪奇传球给中场吉格斯（3a），或者向前运球进入空当，然后传球给位置更好的左后卫埃弗拉（3b，黄色箭头），埃弗拉则可以在后场移动。

· 吉格斯则可以将球传给另一个中场斯科尔斯（4a，黄色箭头），或者传给位置更好的右后卫内维尔（4b，蓝色箭头），内维尔可以在后面接球。

· 斯科尔斯可以传球给移动到内线接应的罗纳尔多（5a，黄色箭头），或者向外传给右后卫内维尔（5b，红色箭头）。

· 罗纳尔多传球帮助鲁尼打入禁区（6a，黄色箭头），或者内维尔接斯科尔斯的传球，带球向前移动并进入禁区（6b，红色箭头）。

· 鲁尼接住罗纳尔多的传球后射门（7a，黄色箭头），或者吉格斯先进入内线以一个及时的跑动接住内维尔在后门柱的传中后射门得分（7b，红色箭头）。

比赛示例 7：面对深且宽防线的进攻

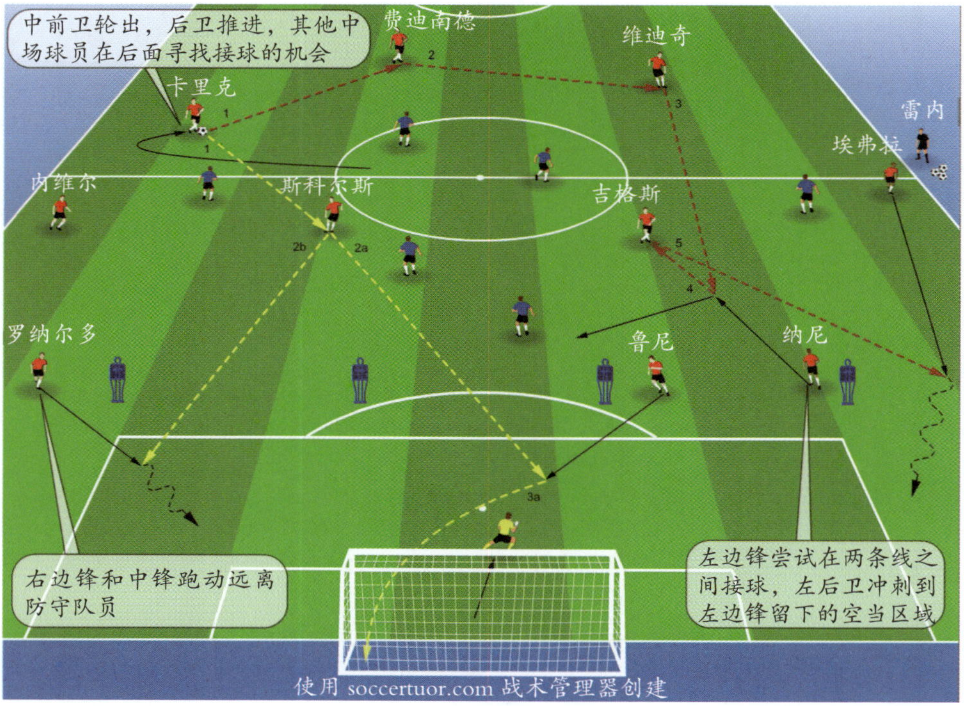

红队是 4-3-3 阵型。蓝队为 4 个人体模型组成的后防线、4 名中场和 2 名前锋（消极前锋）。

训练目标

一名中场球员通过轮转创造三后卫打法，另一名中场在后面接应。

训练方法

· 中场卡里克已经通过轮转创造出三后卫阵型，从这个阵型开始训练。边后卫都向前推进，中场球员在中路防守。卡里克可以传球给中后卫费迪南德（红色箭头），也可以传球给中场斯科尔斯（黄色箭头）。

· 在黄色进攻路线中，中场斯科尔斯在后方传球，可以传给右边锋罗纳尔多也可以传给前锋鲁尼。在红色进攻路线中，费迪南德传球给中后卫搭档维迪奇。

· 维迪奇传球给已经回到两线间接球的纳尼。

· 纳尼回传给无人盯防的吉格斯。

· 吉格斯传球给向前跑动的左后卫埃弗拉，以利用纳尼移动时留下的空间。球队现在在防线后方，创造进球机会的可能性很大。在黄色进攻路线中，如果罗纳尔多能接住斯科尔斯的传球，也有很多进球的机会。

比赛示例 8：面对非常深且非常宽防线的进攻

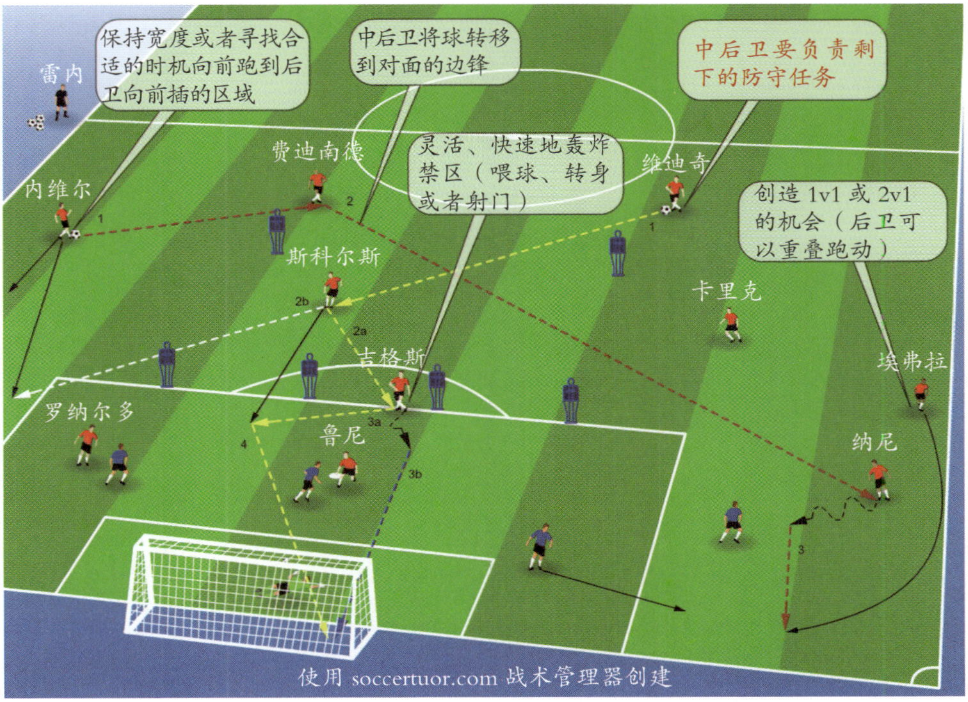

红队是 4-3-3 阵型。蓝队为 6 个人体模型组成的中场和进攻线，以及 4 名后卫（消极后卫）。

训练目标

球员在禁区内快速地触球 1~2 次，以及在 1v1 和 2v1 的情况下在外线及后场跑动、传球。

训练方法

· 在黄色进攻路线中，中后卫维迪奇传球给中场斯科尔斯。在红色进攻路线中，右后卫内维尔将球传给中后卫费迪南德。

· 继续黄色进攻路线，斯科尔斯向前将球传给禁区边缘的吉格斯（2a），或者将球传给向前推进的内维尔（2b，白色箭头）。继续红色进攻路线，费迪南德将球传到纳尼的位置。

· 吉格斯可以通过一次快速的触控传球将球传给同时向前跑动的斯科尔斯（3a），或者在空间足够的前提下接球并射门（3b，蓝色箭头）。在红色进攻路线中，纳尼传给后套的内维尔，由内维尔传中。

· 如果吉格斯能够在禁区内短传给斯科尔斯，斯科尔斯则可以在第一时间射门。

指导要点

· 边后卫要么保持宽度，要么进行适时的跑动来创造更有利的空间。

· 中后卫在空当接应时会转移到相反的侧翼，他们（和卡里克）也将负责剩下的防守任务。

· 重点是在禁区附近通过快速、巧妙的配合创造射门机会。

· 寻找 1v1 或 2v1 的机会。

3 弗格森爵士的比赛哲学和训练原则

作者与保罗·斯科尔斯

对于保罗·斯科尔斯来说，训练应该始终具有目的性。他十分喜爱曼联的训练课程，因为它们与真实的比赛十分相似，具有竞争性和挑战性。

弗格森爵士的比赛哲学

防守阶段

改变比赛局面的 5 个关键防守原则：

- 高压；
- 压倒性的气势和防守人数；
- 适时后撤并压迫特定的区域或特定的球员；
- 适时纵深防守，拦截传中并反击；
- 加强定位球防守的组织和强度。

攻防转换阶段

攻防转换阶段的原则：

- 丢球后快速反抢；
- 有气势地压迫并形成阵型；
- 重新掌握球权，发动快速反击；
- 快速带球跑动，迅速掌握有利空当。

进攻阶段

关键进攻原则：

- 保持控球（总是有目的地控球）；
- 提前思考、提前观察、提前行动；
- “持续破门！”（持续创造机会）；
- 制造节奏，保持或改变节奏；
- 保持速度、力量、渗透和不可预测性；
- 增强主动权和气势，得分！

弗格森爵士的防守原则

我清楚地记得 2007 年弗格森爵士提拔迈克·费伦为助理教练、提拔我为一线队教练后，他把我叫进办公室，对我说：“雷内，我想和你分享自己对曼联的期望。”他准备了一张活动挂图，并在上面写下了主要原则。然后他继续说，“我不需要告诉你该如何指导一场训练，因为你已经做得很好了。我只想确保我们的想法是同步的。”

挂图的第 1 页写着“防守原则”，下面写着“压迫式足球”。防守原则有 5 项：

· 高压。

· 侵略性地压迫对方球员（当对方球员转身或回传球时）。

· 适时后退，压迫特定的区域或特定的球员。

· 适时纵深防守，拦截传中并反击。

· 防守定位球要强势。

弗格森爵士攻防转换阶段的原则及战术

由攻转守的原则

· 球员失去控球权后的快速反应在任何时候都是很重要的。

· 球员们必须根据比赛情况迅速决定是否在球所在的区域使用侵略性的压迫或是恢复阵型。

· 我曾在训练中把由攻转守的转变称为“咔哒咔哒”，并会在时机到来时快速地打个响指。

由守转攻的原则

重新获得控球权对球队来说是一个很好的反攻机会。当对手防守混乱时，球员们必须迅速做出反应，并根据对方防线的位置快速向前进入空当。这时需要有多名球员加入反攻，快速做出深度跑动以创造压制局面。如果反攻不是正确的选择，球员们则可以在确保控球权的同时进行阵地进攻。

弗格森爵士解释说：“我希望球队能打很多场比赛，尤其是在主场，我们要在比赛一开始就给对手施压，让他们尽早失球。”他继续说，“有时候我希望球队能在中场形成一个紧凑的阵型，这样对方就很难打散我们。然后我们再适时对特定区域或特定球员施压，当然具体取决于我们在哪里比赛、和谁比赛。一旦我们陷入了必须纵深防守的境地，我们就需要保持紧凑的阵型来阻止对方创造得分的机会。”

除此之外，弗格森爵士还要求球员们在防守定位球时要快速清晰地组织起来。

攻防转换阶段的战术

消极转换（由攻转守）

· 追球者：快速反应，对球施压，压缩空间，形成人数上的高压；快速冲向带球者和带球区，目标是快速抢球。

· 猎人：等待下一次传球并成功抢断，让对手控球并在特定区域施压。

· 安全员：提供保护和平衡，形成防守阻拦。

压迫

· 压迫：球员必须跑动起来，当对方球员转身或回传时压迫对方。例如由瓜迪奥拉（Guardiola）率领的巴萨队，在比赛期间是全员移动的。

· 压制目标球员：让目标中后卫（如大卫·路易斯）拿到球，他会有并不成功的特别传球，从而使我们夺回球权！

积极转换（由守转攻）

· 积极进攻！提前思考、提前观察、提前行动。

· 以最少的触球创造直接威胁。

· 击破防线，向前跑动并打向空当。

· 防线变深？尝试向前传球或者保持控球权，创造进攻节奏。

· 盯紧对手 4 个后卫的位置。

· 空当在哪里？对方身后。

如果 4 名球员用 2 脚球（接球和传球）来处理球，大约需要 8 秒；但如果这 4 名球员 1 脚触球则仅需要 4 秒，这将加倍提升比赛的速度和节奏。

弗格森爵士的进攻原则

在挂图的第 2 页写着："控球是关键！""当我们控球的时候，控球总是有目的的。"弗格森爵士这样对我说。活动挂图的第 3 页写满了他的进攻原则。弗格森爵士说："当曼联进攻时，我希望球员们的进攻兼具速度、力量、渗透性和不可预测性。

控球是关键

· 始终有目的地控制球权。
· 主动出击，抢球。
· 提前思考、提前观察、提前行动是控球时的关键原则。
· 带球球员必须选准时机。
· 完成一次触球。
· 接球和传球。
· 控球并传球。
· 向前传球，穿透对方。
· 靠近对手。
· 向前把球带入空当。
· 控球并持续破门（持续创造机会）。
· 尝试创造进球机会或者持续控球（保持控球权），合理把控主动权。

控球的关键因素

节奏	节奏能创造控球。好的球队有能力创造节奏、保持节奏和改变节奏。节奏取决于球员的移动、传球的选择和传球的速度。 改变比赛节奏的关键因素是转移球。保罗·斯科尔斯是改变比赛节奏和局势的大师，他可以准确判断出快速出球、放慢比赛速度、通过短传或转移来改变进攻角度的时机。

轮转	球员通过轮转占据不同位置，从后场到前场创造人数优势。进攻中突破防线时找到拖后后卫，在三区创造空当。
目标	曼联的目标是向前。 提前思考、提前观察、提前行动。球员通过向前面的区域传球或带球来突破防线。如果不能在移动中向前传球或带球，就站在原地向前传球，绝对不要横传，以免失去球权。如果不能站在原地向前传球，则可以回传重新寻找机会。

推进和节奏

· 加速运球（1~2 次的触球节奏）。

· 快速击破防线。

· 制造宽度和纵深防线。

· 最好能在狭小的空当内完成 1 次触球（吉格斯和斯科尔斯这样的顶级球员都具备这个能力）。

速度、力量、渗透性和不可预测性

· 在每一次训练中反复重点训练球员的速度、力量、渗透性和不可预测性。

· 注重快速触球。

时刻创造得分机会

· 通过创造大量得分机会为球队赢得气势和主动权，获得对比赛的控制权。

· 主宰比赛意味着完全控制比赛，当球队获得 2 ： 0、3 ： 0 的比分优势时，球员们可以决定什么时候让对手得球或交还球权。

弗格森爵士过去总是说：“我喜欢在场边指导时娱乐一下，我们有义务让球迷放松一下。”

比赛中的 3 个主要阶段

第 1 阶段——夺取主动权

比赛一旦开始，球队必须通过良好的传、接球获得主动权。哪支球队控球时间更长或更早控球，就能创造更多的进球机会。

在许多比赛中，主动权的变化通常出现在比赛最开始或下半场比赛开始阶段。

第 2 阶段——控制比赛

第 2 阶段的任务就是得分并取得领先，通过保持领先来控制比赛。控制比赛的球队才可能获胜。

在一些比赛中，掌握主动权并控制比赛的球队不一定会得分。因此，关键是球员要保持专注力，不要让对手得分。

第 3 阶段——主宰比赛

第 3 阶段的主要任务是通过领先比分并长时间控球、主宰比赛来创造更多的进球机会。同时，还要压制对手，不对球队造成威胁。

在训练中所做的每一件事都必须有目的、有挑战性，因为没有挑战球员就不会进步。教练需要确保训练的两个要素：质量和强度。为训练设定准确的目标、挑战、质量和强度，球员就会享受训练，想要去做更多。

赛前准备流程：分析→组织→指导

比赛报告 +
视频分析

↓

训练前在球场上告知
球员分析结果

↓

在训练中提升比赛的
相关方面

↓

视频分析——侧重观
察对手的细节（70%
进攻 +30% 防守）

↘

球队会议 + 训练

↗

视频分析——侧重
如何赢得比赛（80%
进攻 +20% 防守）

↑

进攻形式训练
+ 设定条件的比赛

↑

训练中微调定位球

↑

比赛

←

技术训练

技术训练非常重要，弗格森爵士和我都深知这一点。

我针对整支球队、每个球员都制定了许多技术训练，每个球员的技术都因此得到提高并被应用到比赛中。

我们在训练中创造了很多技术训练的场景：控球比赛、传球和完成常规动作、设定条件的比赛和竞争性强的小场地比赛。这些场景都对球员提出了很多技术方面的要求。

很幸运，我在成为一线队教练之前就对很多球员做过单独的训练，并且随着训练成果的显现，越来越多的球员愿意让我帮助他们进行专项的技术训练。当我执教一线队后，这些训练变得更加频繁。

对我来说，训练的关键是提高球员的意识，让他们明白不可预测在进攻中是多么重要，他们有许多不同的选择。

我专注于提高球员的特定素质和在特定位置的技术，这可以帮助他们做更好的选择、有更佳的表现。

球员们一旦体会到技术训练的好处势必会喜欢上技术训练。技术训练必须具备实战性和挑战性。

技术训练提升了球员们的情绪、动机，并有助于为球队创造良好的氛围。

技术训练对球员和球队来说都是非常重要的，因为它有助于提高球队的战术表现。即使是职业球员也需要不断地练习技术，这样他们才能最好地配合球队的战术。

在 1v1 的情况下，高超的技术能力可以决定比赛的胜负，甚至是奖杯的归属。

胜利者曼联的训练秘诀

环境

- 创造积极的竞争环境。
- 时刻提醒球员比赛的目标。

态度

- 渴望胜利的态度。这必须成为球员们在球场内、外的常态，针对球员的每次训练都能在比赛中发挥出最大的作用。

心态

- 球员专注于足球比赛和胜利。
- 球员必须知道曼联代表什么。

享受

- 让球员享受训练。
- 让球员享受比赛。

团队合作

- 团队共同进行压力训练。
- 团队共同努力的前提是每个球员保持健康。

比赛计划

- 我们如何从后防线开始组织进攻？
- 我们到哪里去找清道夫？
- 我们要如何进攻（速度、力量、穿透性和不可预测性）？

目标＋挑战

- 瞄准训练的质量和强度。
- 所有的训练课程都必须有目标、有挑战性。
- 合适的训练强度（太高＝错误；太低＝不贴近比赛）。

每次训练的关键点

目的：每一次的训练课程都有特定目的。球员需要明白自己在做什么，为什么要做这些动作、练习和比赛模拟训练。

挑战：球员在每次课程中都会遇到挑战。这些挑战包括创建特定的空当、压迫、限制等，解决比赛的某些战术或迎战特定对手。

质量：在每个训练环节，训练的目标是达到真实比赛的质量。动作、练习和比赛模拟训练都是按比赛的节奏进行的。

强度：为了达到最高的训练质量，强度必须切合实际。如果训练的节奏太快，球员就会仓促行事，容易犯错误。如果节奏太慢，球员则不能在比赛中发挥出正常水平。

享受：当前面 4 个关键点都做到时，球员自会享受所有的训练。

领袖球员在训练中的重要性

曼联有很多领袖球员，如范德萨、费迪南德、内维尔、斯科尔斯（带球的领袖）和吉格斯。他们的训练水平、质量和执行力总是保持在最高水平，在每次训练中都为其他球员树立了榜样。我从未因为球员的表现低于标准而不得不中止训练，6 年里一次都没有过。

除了领袖球员，球队还需要队员之间有深厚的情谊。只有这样，球员才会欣然接受其他球员的批评，也会基于队友的期望和水平而提升自己。

教练在训练中主要考虑的因素

每次的训练课程对我来说都很重要。在每个训练周，我都会问自己以下 5 个关键问题：

· 我能让球队做好准备吗？

· 我有没有让每个球员变得更优秀？

· 我让球队变得更强了吗？

· 我把训练的成果应用到比赛中了吗？

· 如何赢得比赛？

有效的指导是赞扬成功而不是强调失败

大多数教练只关注训练中出现的错误，只要出现错误就停止，然后开始纠正错误，但这只会突出失败。

积极、有效的指导是通过告知、指导、激励等来帮助球员取得成功。教练还需要强调和赞扬球员取得的这些成功，因为这将是球员们再次尝试的基础。

有效指导的 5 个步骤

"雷内，我们在训练中所做的一切都会体现在比赛中，无论是好的还是坏的！我们要求球员每周有 2~3 次世界级的表现，同理，他们也会期待我们提供给他们世界级的训练和赛前准备。"我在曼联的时候，弗格森爵士经常对我说这句话。

教练指导训练的流程图

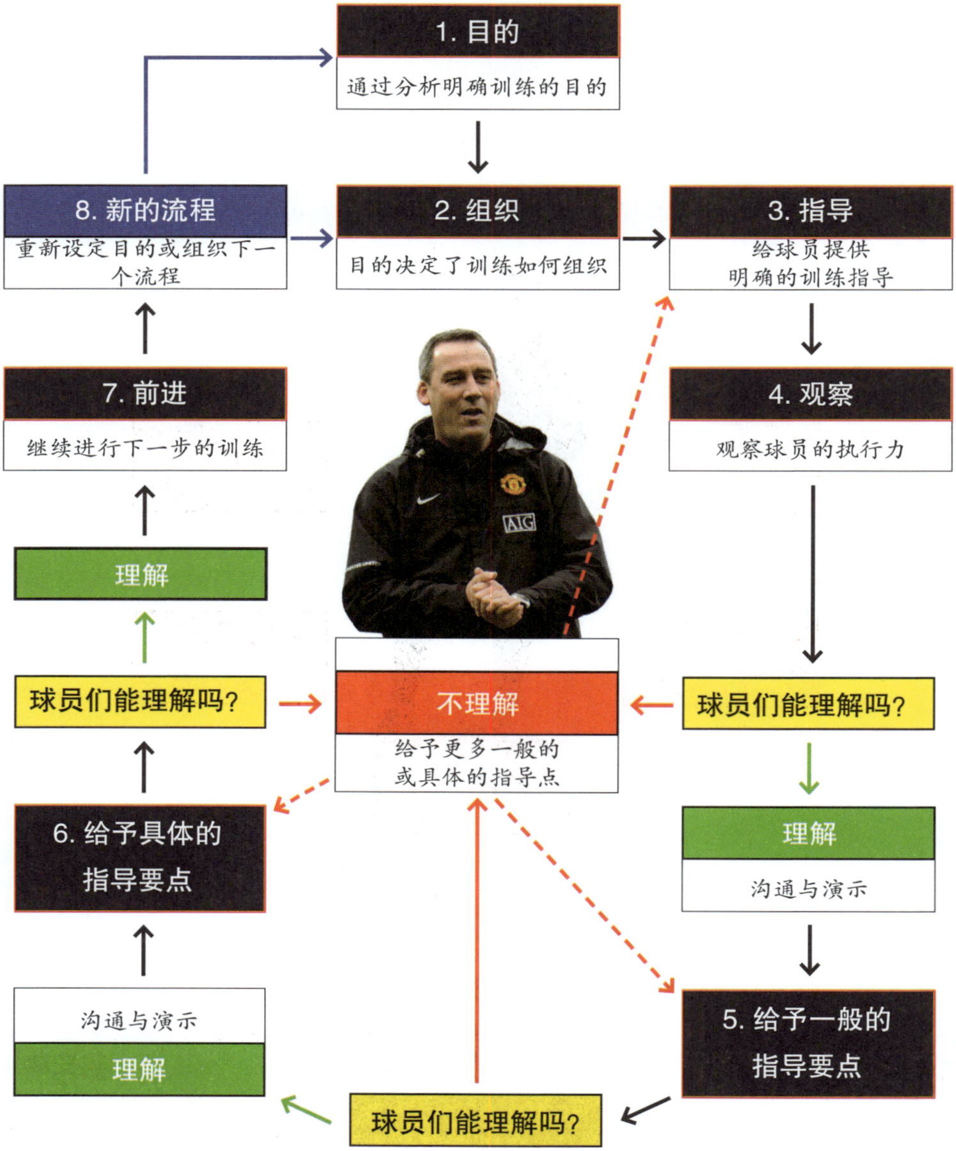
1. 目的
通过分析明确训练的目的
2. 组织
目的决定了训练如何组织
3. 指导
给球员提供
明确的训练指导
4. 观察
观察球员的执行力
球员们能理解吗?
理解
沟通与演示
5. 给予一般的
指导要点
球员们能理解吗?
沟通与演示
理解
6. 给予具体的
指导要点
球员们能理解吗?
不理解
给予更多一般的
或具体的指导点
理解
7. 前进
继续进行下一步的训练
8. 新的流程
重新设定目的或组织下一
个流程
AIG

2010 年 9 月 17 日，作者在英格兰曼彻斯特的卡灵顿训练场单独训练维迪奇

4 曼联的高速训练

——连续进攻

作者与弗格森爵士及瑞恩·吉格斯

瑞恩·吉格斯是曼联一名令人难以置信的球员，他拥有高水平的技术和不可预测性。作为足球运动员，年龄的增长并没有阻碍他利用自己的经验继续在球队发光发热。

弗格森爵士的进攻训练

以速度、力量、渗透性和不可预测性进行进攻是弗格森爵士及我对曼联的期望。我在曼联担任一线队教练期间，球队的进攻风格一直包含这 4 个要素。

速度

· 高强度、高速度的训练。
· 进攻球员具备跑过对手的能力。
· 一脚传球、传切、移动，跑到对手身后。

力量

· 球员具备克服挑战的力量。
· 具备强大的跑动能力以从对方身后超越。
· 在攻防转换阶段拥有爆发力和快速的反应能力。

渗透性

· 向前传球或将球带到前面的空当。
· 传球通过对方的中场和后防线。
· 前锋跑到对方的防线后方。

不可预测性

· 良好的移动和跑位。
· 改变进攻角度，创造传中机会或 1v1、2v2 的机会。
· 能够在 1v1 的情况下通过速度、技能和假动作击败对手。

进攻＝进球数量

弗格森爵士总是强调大量进球的重要性，原因主要有两个：一是进球的多少直接影响联赛的输赢，所以他总是会鼓励球员们争取进更多球；二是尽到营造比赛氛围、满足球迷的职责。

足球有很强的影响力。在 2011—2012 赛季，我们以 1 球之差输给了曼彻斯特城足球俱乐部（简称“曼城”），这对曼联来说是一次痛苦的经历，但却有助于提升我们在接下来的赛季中的表现。

2010—2011 英超联赛积分榜

		场次	赢	平	输	进球数	丢球	净胜球	积分
1	曼彻斯特联足球俱乐部	38	27	6	5	80	22	+58	87
2	切尔西足球俱乐部	38	25	10	3	65	26	+39	85
3	阿森纳足球俱乐部	38	24	11	3	74	31	+43	83
4	利物浦足球俱乐部	38	21	13	4	67	28	+39	76

2007—2008 英超联赛积分榜

		场次	赢	平	输	进球数	丢球	净胜球	积分
1	曼彻斯特联足球俱乐部	38	23	11	4	78	37	+41	80
2	切尔西足球俱乐部	38	21	8	9	69	33	+36	71
3	曼彻斯特城足球俱乐部	38	21	8	9	60	33	+27	71
4	阿森纳足球俱乐部	38	19	11	8	72	43	+29	68

2012—2013 英超联赛积分榜

		场次	赢	平	输	进球数	丢球	净胜球	积分
1	曼彻斯特联足球俱乐部	38	28	5	5	86	43	+43	89
2	曼彻斯特城足球俱乐部	38	23	9	6	66	34	+32	78
3	切尔西足球俱乐部	38	22	9	7	75	39	+36	75
4	阿森纳足球俱乐部	38	21	10	7	72	37	+35	73

2007 年 11 月 6 日，曼联一线队在英格兰曼彻斯特的卡灵顿训练场训练，作者（右）正在为鲁尼（左）和奥勒·居纳尔·索尔斯克亚（Ole Gunnar Solskjaer）（中）做战术分析

2008 年欧洲超级杯在法国摩纳哥举行。8 月 28 日，曼联队正在进行对阵圣彼得堡泽尼特队（Zenit St Petersburg）的赛前训练，作者、迈克•费伦和弗格森爵士正在评估鲁尼的表现

作者与韦恩·鲁尼

2 球、3 球、4 球进攻套路常规训练示例

2 球进攻套路（变化 1）：二打一并射门 + 边路传

A、B 位置的球员分别是中场和前锋，C、D 位置的球员分别是边后卫和边锋。

训练目标

传球、接球、配合、移动、传中和完成射门。

训练方法

球①

- 球员 A 传球给球员 B。
- 球员 B 将球回传给球员 A。
- 球员 A 接球并运球以形成射门角度。
- 球员 A 射门。

球②

- 球员 A 一旦完成射门，教练（或其他球员）会传球给球员 C。

· 球员 C 接球的同时拉开宽度并向前运球。

· 队员 C 将球传中到禁区。

· 球员 B 和球员 D 适时跑进禁区并试着接住球员 C 的传中将球打进。

球员轮转

· 球员 A 移动到球员 B 的位置，球员 B 移动到球员 A 的位置。

· 球员 C 回到原本的位置。

· 球员 D 回到原本的位置。

注：这种进攻套路是通过右侧的球员 C 或左侧的球员 D 进行射门。

2 球进攻套路（变化 2）：后插并射门 + 斜传

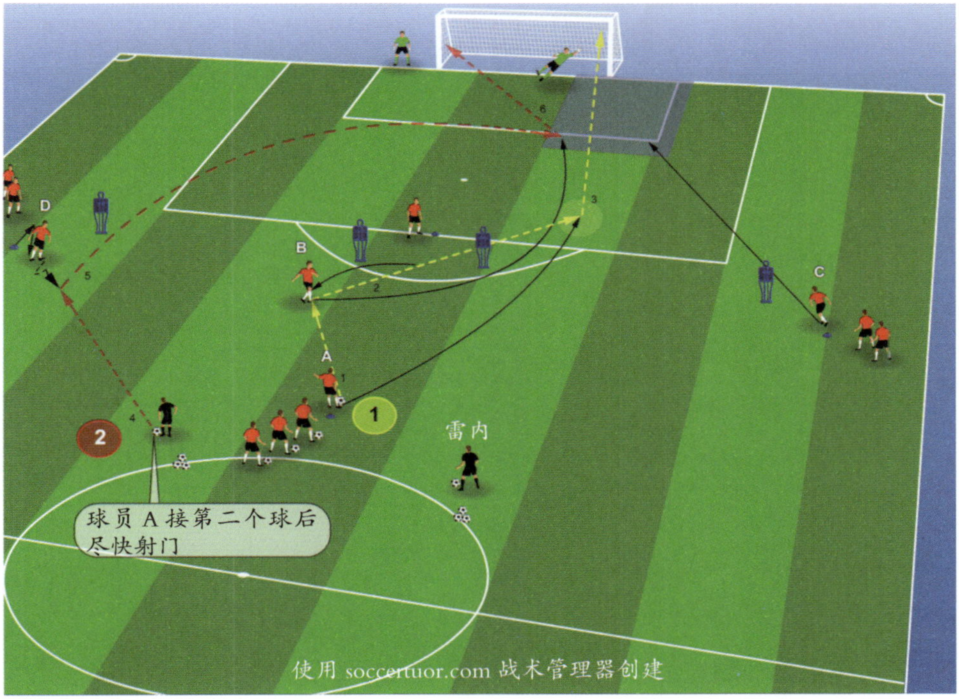

训练目标

传球、接球、配合、移动、传中并完成射门。

训练方法

球①

· 球员 A 传球给球员 B，球员 B 接球并拉开角度。

· 球员 B 进行渗透性传球，传给适时后插的球员 A。

· 球员 A 尝试射门。

球②

· 球员 A 一旦完成射门，教练（或其他球员）将另外一个球传给球员 D。

· 球员 D 将球斜传到禁区。

· 球员 B 和球员 C 适时跑入禁区内，尝试将球员 D 的传中球打进。

球员轮转

- 球员 A 和球员 B 互换位置。
- 球员 C 回到原本的位置。
- 球员 D 回到原本的位置。

注：这种进攻套路是通过右侧的球员 C 或左侧的球员 D 进行射门。

2 球进攻套路（变化 3）：二打一、塞球 + 后套跑倒三角传球

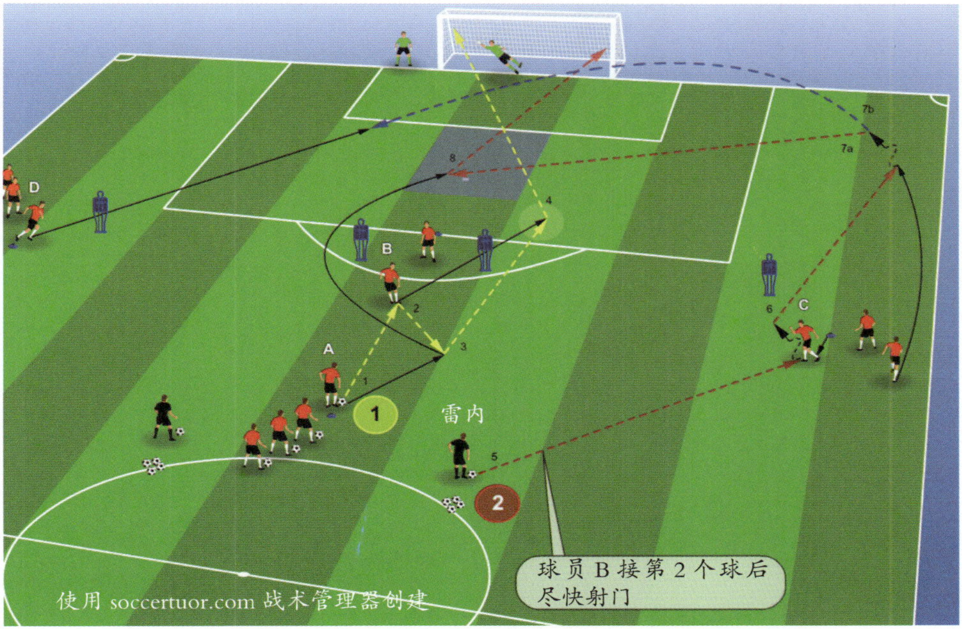

训练方法

球①

· 球员 A 传球给球员 B。

· 球员 B 将球回传给球员 A。

· 球员 A 进行渗透性传球，传给从后方适时插上的球员 B。

· 球员 B 尝试射门。

球②

· 球员 B 一旦完成射门，教练（或其他球员）将另外一个球传给球员 C（或球员 D），球员 C 接到球后会有一个背套的变化。

· 球员 C 将球传给适时背套的另一名边路球员。

· 该球员在侧翼高处接球后做倒三角传球（7a）或者传到后点（7b，蓝色箭头）。

· 球员 A 和球员 D 选择恰当时机移动到禁区内，并尝试将传中球打进。

球员轮转

· 球员 A 和球员 B 互换位置。

· 球员 C 和球员 D 继续在边路作为背套球员。

指导要点

· 球员 A 和球员 B 要注意传球的质量和准确性，同时也要掌握回做球（减轻回做力量）。

· 确保完成射门的质量。

· 边路球员应该向前并靠近人体模型的方向接球，确保在正确的时间将球传给后套插上的球员。

· 最终传入禁区的球质量要高（下底传中或倒三角传球）。

注：后套跑倒三角球用于针对禁区边缘的深度防守。

3 球或 4 球进攻套路的排兵布阵

训练安排

在训练中使用 3 球或 4 球进攻套路时，球员的位置要明确。

费迪南德和维迪奇在蓝队中后卫的位置。用 2 个人体模型代表蓝队左边后卫和右边后卫，另外 4 个人体模型则代表蓝队的中场队员。

当第 2 个和第 3 个球开始运转时，费迪南德和维迪奇负责保护禁区。红队的中场队员弗莱彻、斯科尔斯、卡里克则需要在禁区外完成射门或沿着某条进攻线向前进攻。

红队的边锋和边后卫占据传中位置后应使用创造性的配合方式（包括后套跑、交叉跑等），以将高质量的球传入禁区（传中或倒三角球传球）。

红队（曼联）的上场球员和位置安排：

· 2 号内维尔：右后卫

· 3 号埃弗拉：左后卫

· 18 号斯科尔斯：中场

- 16 号卡里克：中场
- 24 号弗莱彻：中场
- 11 号吉格斯：左边锋
- 7 号罗纳尔多：右边锋
- 10 号鲁尼：前锋
- 9 号贝尔巴托夫：前锋 + 防守中后卫（蓝队）
- 15 号维迪奇：右中后卫
- 6 号费迪南德：左中后卫

3 球或 4 球进攻套路（2 名防守球员）：中路组合、传中 +5v4 进攻

此训练有 9~21 名红队球员、2 名蓝队防守球员及 1~2 名守门员，具体参见 3 球或 4 球进攻套路的排兵布阵。

训练方法（1/3）

球①

· 中场球员（24）传球给前锋（10），后者在移动中接球。

· 前锋（10）传球给另一名前锋（9），后者在接球前摆脱对方的盯防球员。

· 前锋（9）从对方 2 名中后卫之间将球传到身后，中场球员（24）在不越位的情况下适时插上将球拿到。

· 中场球员（24）拿到球后尝试射门。

球②

· 中场球员（24）完成射门后，中场球员（16）将另一个球传给另一名中场球员（18），后者接球转身。与此同时，左边后卫（3）向前推进。

·中场球员（18）向前直塞，将球传给在左边路向前推进的左边锋（11）。

·左边锋（11）拿到球后提前向禁区内传中，他可以选择将球传给分别跑向对方前门柱、后门柱、点球点的3名队友中的1人。

·在图例中，传中球的得分点是跑向后门柱的球员（10）。

这种进攻套路在左边或右边都可以进行，可以通过边锋和边后卫进行。

第3个球可以传到任意一边，在本例中，教练将球传到与上一个训练传中球相同的一边。第4个球由教练来踢，以组成5v2的进攻，即5名红队的中场球员进攻，2名蓝队的中后卫防守。

训练方法（2/3）

球③

·教练将第3个球传给向前插上的左边后卫（3），也可以让左边锋（11）再次传中。

·左边后卫（3）在跑动中接到球后向底线方向运球并将球回传到点球点附近或者传中。

在这个图例中，可将球回传到前门柱后由前锋球员（9）完成射门。

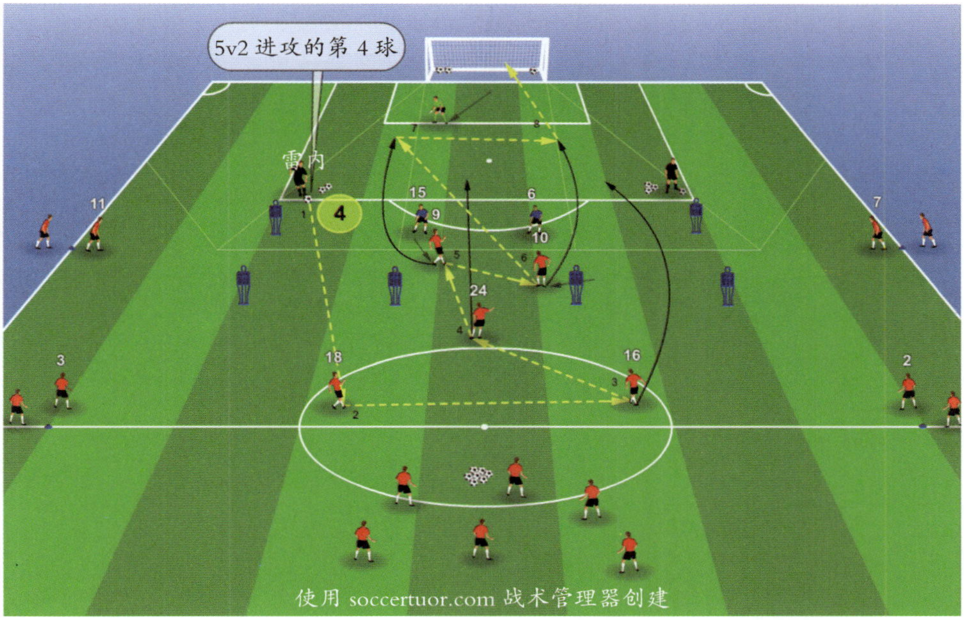

红队球员可以自由发挥，尝试各种配合来得分。

训练方法（3/3）

球④

· 教练将第 4 个球传给中场球员（18）。

· 中场球员（18）将球传给中场球员（16）。

· 中场球员（16）向前传球，传给前方的中场球员（24）。

· 中场球员（24）将球传给后撤的前锋（9）。

· 前锋（9）将球回传给另一名前锋（10）。

· 前锋（10）向身后斜传，传给适时插上的前锋（9），同时蓝队守门员出击并封锁前锋（9）的射门角度。

· 前锋（10）适时曲线跑进对方禁区，同时前锋（9）将球回传给他。

· 前锋（10）尝试射门。

指导要点

· 快速地进行 1~2 次触球（传球要快，但是不要着急）。

· 多配合或者直塞（突破对手防线）。

· 准确判断队友的向前跑动及关键传球。

· 利用直塞球、转移球、传到后门柱的过顶斜传来巧妙地执行这个进攻模式。

3 球或 4 球进攻套路（4 名防守球员）：转移、传中 +7v4 进攻

此训练有 9~21 名红队球员，蓝队有 4 名后卫球员、4 个人体模型（中场球员），另外还有 1~2 名守门员。

训练方法（1/3）

球①

· 中场球员（16）传球给前锋（10），后者在跑动中接球。

· 前锋（10）将球传给另一名前锋（9），后者回撤。

· 前锋（9）带球向防守队员身后跑动，将球传给适时插上的中场球员（24）。

· 中场球员（24）接球后，尝试射门。

球②

· 中场球员（24）完成射门后，中场球员（16）将另一个球传给球员（18）。

· 球员（18）拿到球后将球长传给右边锋（7）。

·右边锋（7）接球后运球内切，他可以选择将球传给在边路背套插上的右边后卫（2），也可以选择提早传中。

·右边后卫（2）拿到球后可以向禁区内横传或倒三角传给分别跑向对方前门柱、后门柱、点球点的3名队友中的1人。

·在这个图例中，右边后卫（2）将球倒三角传到前门柱后由前锋（9）形成射门。

注：这种进攻套路在左边或右边都可以进行，可以通过边锋和边后卫进行。

训练方法（2/3）

球③

·教练将第3个球传给右边锋（7），或者传给右边后卫（2）后再次传中。

·右边锋（7）接到球后向前运球，并将球传到禁区内。

·在本图例中，将球传到后门柱后由前锋（9）完成射门。

注：第3个球可以传到任意一边，在本例中，教练将球传到与之前传中球相同的一边。

这个 3 球或 4 球进攻套路的第 4 个球由教练来踢，以组成 7v4 的进攻——由红队球员（只有边后卫或边锋）对阵 4 名蓝队后卫。红队球员可以自由组合完成射门。

训练方法（3/3）

球④

· 教练将第 4 个球传给中场球员（18）。

· 中场球员（18）将球传给最居中的中场球员（24）。

· 向前跑动的中场球员（24）将球传给中场球员（16），后者接球并完成转身动作。

· 中场球员（16）把球传给右边锋（7），右边锋（7）从边路接球。

· 右边锋（7）及早传中给分别跑向内门柱、后门柱和中路的 4 名队友中的 1 人。

在图示示例中，中场球员（24）在中心位置接传中完成射门。

指导要点

- 快速地进行 1~2 次触球（传球要快，但是不要着急）。
- 多打配合或者直塞球（突破对手防线）。
- 准确判断队友向前跑动的目的及关键传球。
- 利用直塞球、转移、传到后门柱的过顶斜传来巧妙地执行这个进攻模式。
- 高质量的最后一脚传球、传中及倒三角传球。

连续进攻常规训练示例

2 人连续进攻（无防守队员）

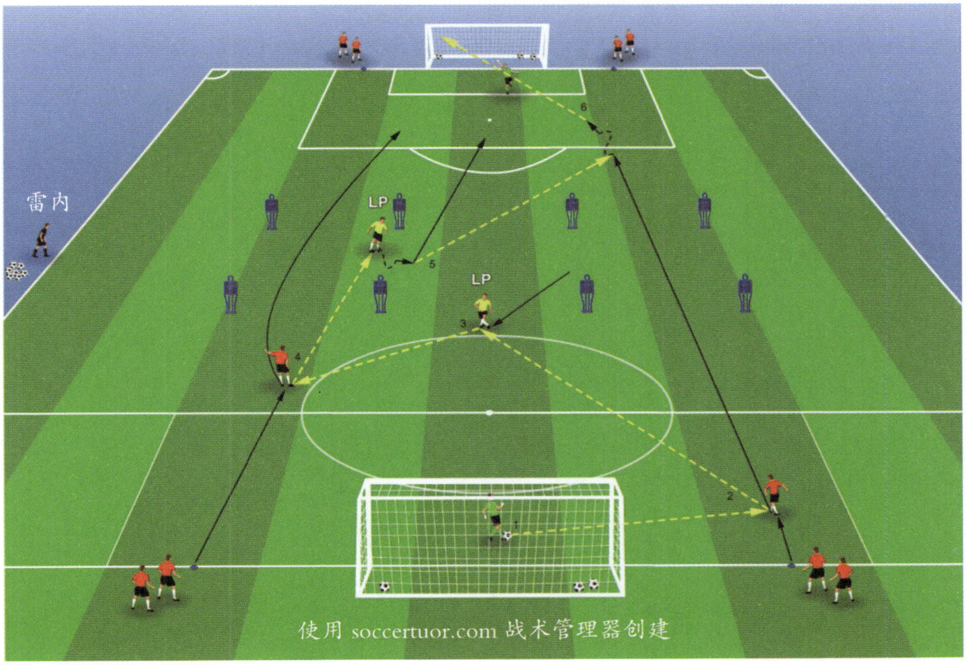

这个训练有 8~10 名红队球员（2 人一组）、2 名在中间的黄色串联球员、2 名守门员，8 个蓝色人体模型代表防守队。

训练可以从两个方向开始，红队球员和黄色串联球员可以有许多配合方式，图例只展示了其中一种。

训练目标

同串联球员配合进行高速进攻和向前跑动。

训练方法

- 守门员将球传给其中一名移动上来的红队球员。
- 红队球员把球向前传给靠近他的黄色串联球员。
- 黄色串联球员将球回传给另一名红队球员。

·红队球员带球突破对方的中场防线，将球传给另一名串联球员。

·串联球员将球控制在两条防线中间，然后直传球（从两中卫之间传球）给从后面插上的红队球员。

·红队球员接球并完成射门。

指导要点

·变化传球速度（慢速），抓住时机，完成弹弓般快速的进攻（快速），穿过中后卫打到对方身后。

2 人连续进攻（有防守队员）

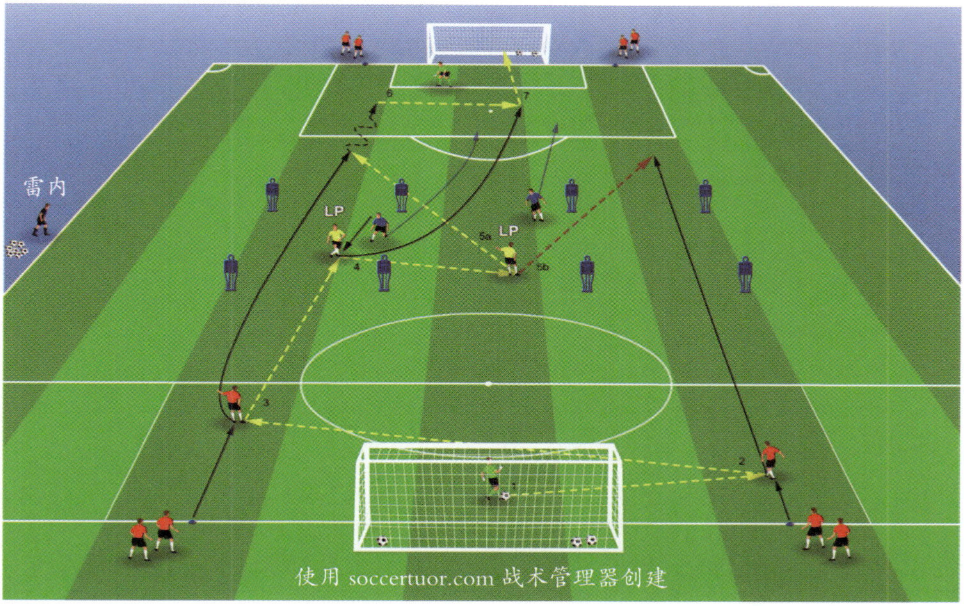

这个训练较 2 人连续进攻（无防守队员）的进阶之处是为蓝队加入 2 名积极防守队员，从而使红队创造机会并进球的难度变大。

训练方法

· 守门员将球传给其中一名移动上来的红队球员。

· 红队球员将球横传给队友。

· 队友接球后将球传过对手的中场防线，然后传给离自己最近的黄色串联球员。

· 串联球员处在一名蓝队中后卫的压力之下，所以将球回做给另一名串联球员。同时两名红队球员前插跑动。

· 串联球员将球直传（传到对手防线之后）给后插上的任意一名红队球员。

· 任意一名串联球员跑动至禁区中间的位置后，持球的红队球员将球横传给他。

在这个示例中，禁区中间的串联球员将完成射门。

指导要点

· 快速通过中场并进入后防线。

· 根据赛场形势创造节奏、把控节奏、改变节奏。

· 直线跑动和斜线跑动相结合（交叉跑动）。

· 训练始终保持高标准，鼓励球员在球门前保持冷静。

· 红队球员应做好对可能的反弹球进行补射的准备。

3 人连续进攻（无防守队员）

红队共 9 名或 12 名球员（3 人一组），2 名黄色串联球员在中间，另有 2 名守门员，8 个蓝色人体模型代表防守队。

训练从两个方向开始，红队球员之间可以有许多不一样的配合方式：

· 起始传球球员必须将球传给距离自己最近的串联球员。

· 3 名红队球员都要穿破防线。

· 另一名串联球员需要接回传球，然后将球传给 3 名红队球员中穿过后防线且在后防线（蓝色人体模型）之后的一名。

· 高质量的最后一脚传球与跑动到禁区的正确时机十分重要。

训练方法

· 守门员将球抛给或传给其中一名移动上来的边路红队球员。

· 边路红队球员将球向前传给距自己最近的串联球员。

· 串联球员将球回传给另一名接应的串联球员。

· 在对方中场线后接应的串联球员将球传到红队居中球员所在的左边路。

· 红队球员接球后向前带球，然后传中至禁区。

· 另外两名红队球员选择恰当的时机进入禁区并尝试射门。

在这个示例中，红队球员要选择正确的进球方式。

3 人连续进攻（有防守队员）

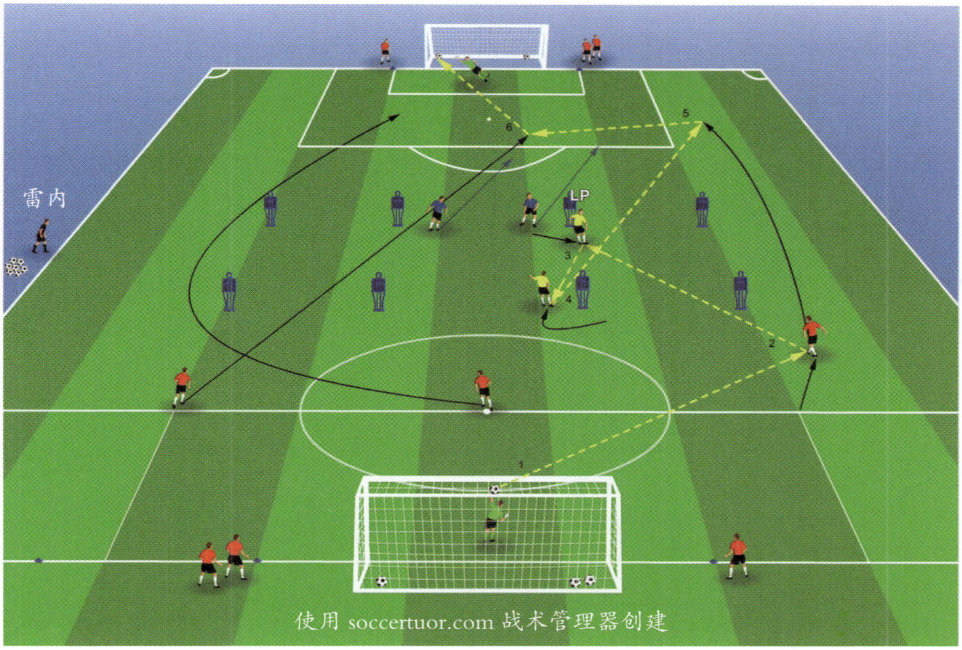

这个训练较 3 人连续进攻（无防守队员）的进阶之处是加入了 2 名积极防守队员，从而使红队创造机会并进球的难度变大。

训练方法

· 守门员将球抛给或传给其中一名移动上来的边路红队球员。

· 边路红队球员将球向前传给距自己最近的串联球员。

· 串联球员将球回做给另一名接应的串联球员。

· 接应的串联球员在对方中场线后的位置将球向前传到右边路。

· 右边路的红队球员选择恰当的时机向前跑动，并在对手防线之后的位置接球后将球横传。

· 另一名红队球员接横传球后射门。

指导要点

· 变化传球节奏（慢速），抓住正确时机完成弹弓般快速的进攻（快速），打到对方身后。

· 尽可能一脚出球。

· 根据对方球员的站位变化策略。

· 当中路空当过小时，考虑在外围找到空当。

· 训练始终保持高标准，鼓励队员在球门前保持冷静。

· 红队球员应做好对可能的反弹球进行补射的准备。

4 人连续进攻（无防守队员）

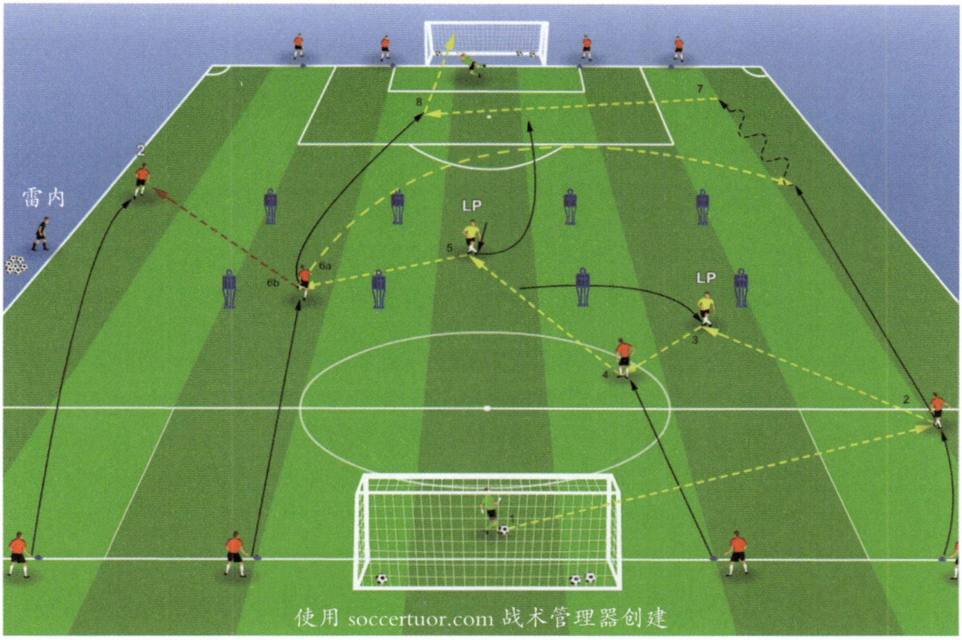

红队共 12 名球员（4 人一组），2 名黄色串联球员在中间，另有 2 名守门员，8 个蓝色人体模型代表防守队。

训练从两个方向开始，且红队球员和黄色串联球员有许多不一样的配合变化，上图所示只是其中一种配合方式。

训练目标

同串联球员配合进行高速进攻和向前跑动。

训练方法

· 守门员将球传给其中一名移动上来的边路红队球员。

· 边路红队球员将球向前传给距离最近的黄色串联球员。

· 串联球员将球回做给居中的红队球员。

· 居中的红队球员带球穿过对方的中场防线，传给居于两条线中间的另一名串联球员。

· 串联球员将球回传给另一名居中红队球员（左侧）。

· 居中红队球员将球传给两侧边路球员——长传转移（6a）或短传转移（6b）。

· 红队边路球员接球后向前带球，然后横传给中路的红队球员或黄色串联球员。

在示例中，将由中路的红队球员在后点将球打进。

指导要点

· 通过快速转移球打破对手的平衡。

4 人连续进攻（有防守队员）

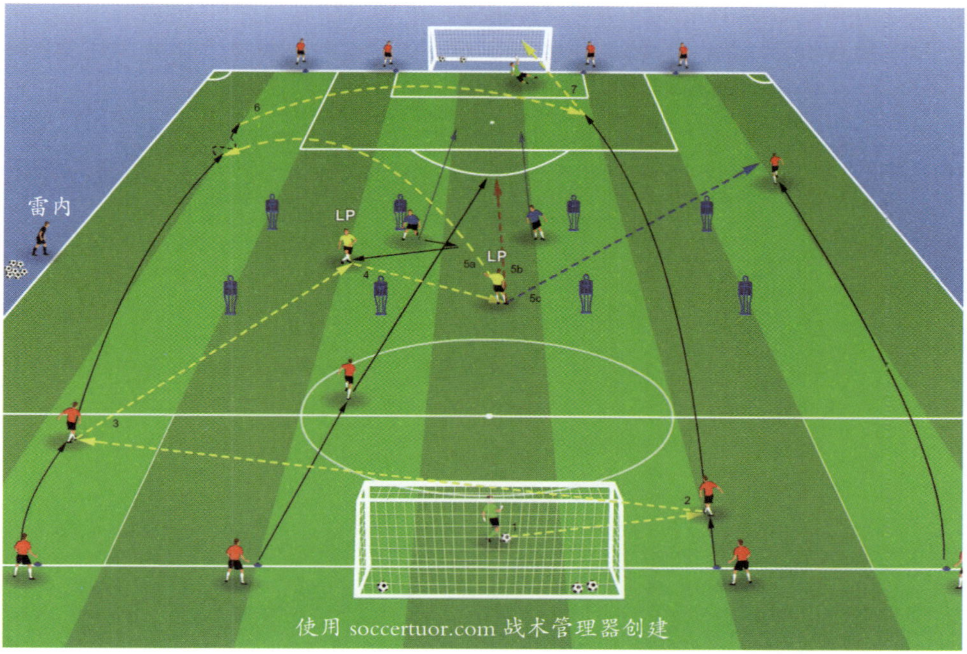

该训练较 4 人连续进攻（无防守队员）的进阶之处是为蓝队加入 2 名积极防守队员，从而使红队创造机会并进球的难度变大。

训练方法

· 守门员将球传给其中一名移动上来的中路红队球员。

· 中路红队球员接球后再将球传给从左边路跑上来的红队球员。

· 红队边路球员接球后带球穿过对方的中场防线，将球传给居于两条线中间距离最近的串联球员。

· 串联球员将球回做给上来接应的另一名串联球员。

· 接应的串联球员向后将球过顶长传给左边路后插上的红队球员，也可以将球传给其他 3 名插上的红队球员。

· 左路球员在稍前的位置接球后传中至禁区。

在本示例中，由右边居中球员在后点将球打进。

指导要点

· 在训练开始前，教练为球员画出图示以减少球员停顿的次数。

· 指导球员通过一定的节奏突破中路、打破防线、串联、边路（后卫）球员向前、轮转串联球员（中场）上或下等，为球员营造比赛的真实感。

· 快速转移、移动以打破对方平衡，边路球员晚些启动并快速到达。

· 应根据对方防守队员的站位来选择正确的传中类型和正确的禁区内跑动（罚球点、前点和后点）。

连续进攻比赛：3 球连续进攻＋以多打少

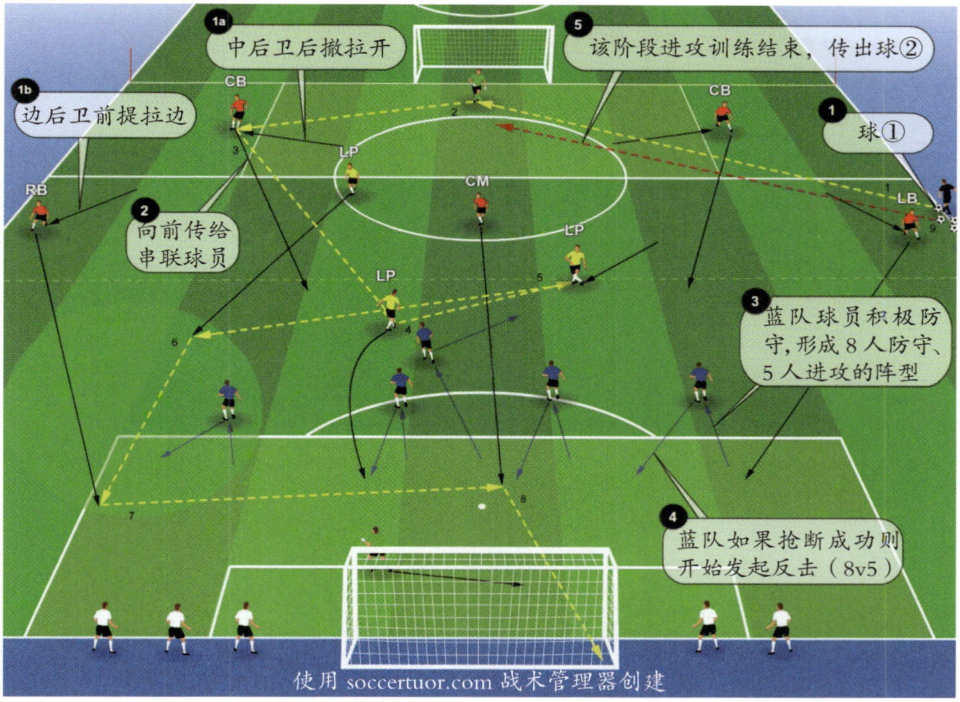

这个训练有 3 支球队，每队为 5~7 人。在本示例中，3 支球队都是 5 人，另有 3 名串联球员和 2 名守门员。白队在场外休息，等蓝队和红队完成 3 轮训练后再进入场内。

训练目标

利用以多打少来创造 2v1 和 3v2 的场景。

训练方法（1/2）

球①

· 教练把球传给守门员。红队中后卫拖后拉开并接守门员的传球，边后卫向前提。

· 控球的中后卫将球向前传给在对方半场的黄色串联球员，所有红队球员向前移动。

·蓝队球员积极防守——8 人进攻、5 人防守。红队球员多用前插跑动和快速进攻来制造以多打少（8v5）的局面，尝试在 20 秒内进球得分。红队也可以在边路制造以多打少（2v1）的局面。

·如果蓝队得球，3 名串联球员为他们的反击制造相同的 8v5 局面，攻破对方的球门。

球①以进球或球出界为收尾。

球②

教练给红队守门员传球，红队重复与球①相同的练习，再次寻找 8v5 的机会并进球得分。蓝队则再次尝试夺取球权并发动反击。

训练方法（2/2）

球③

教练将球传给蓝队，蓝队发动反击，尝试在同样的 8v5 的局面下进球得分。结束 3 轮训练后，白队替换红队上场，红队到场地外休息。场上为蓝队进攻、白队防守。蓝队和白队之间同样进行 3 轮训练。

指导要点

· 一脚触球和两脚触球交替进行（速度加快但不要着急）。

· 寻找机会并突破（打破防线）。

· 拉开宽度并保持，通过转移球来调动对手。

· 准确判断队友的向前跑动和关键传球。

· 巧妙执行直塞球、转移球和斜传球穿过顶部朝向后门柱的进攻模式。

· 注意最后一脚传球、传中和倒三角传球的质量。

· 如果蓝队得球，两队要及时转变策略。蓝队必须向前突破试图进球，所有红队球员则必须全力回防，试图夺回球权阻止蓝队进球。

5 “弗格森时间”——曼联的终场绝杀

作者与奥勒·居纳尔·索尔斯克亚

我和奥勒·居纳尔·索尔斯克亚第一次合作时他已经快30岁了。

奥勒·居纳尔·索尔斯克亚清楚地知道加入某些技术的重要性。他也知道这些技术对于任何队员在任何位置都是无价的。

“弗格森时间”：曼联是如何在最后时刻进那么多球的

很多人会说曼联很幸运，能多次在临近比赛结束的时刻进球。事实上，这些进球是球员通过训练为球队累积的运气。曼联通过情境训练课程成功在赛场上多次创造最后时刻的进球。

当一个球队赢了 1~2 个球、对方球队丢了 1~2 个球时，在剩下的时间里球员们能做些什么呢？领先的球队要控制住球，让对手疲于奔跑，消耗对手的时间。落后的球队需要通过调整战术来合理利用剩下的时间。最重要的是，球员们要镇定和保持控球质量。教练有义务让球员们知道在剩下的时间里可以做什么，应该做什么。

作者与弗格森爵士

得分的关键因素——在最后时刻持续攻门

冷静

- 我们保持冷静了吗?
- 一旦奋力冲刺、精准传球,进攻质量就会提高。
- 保持冷静、持续攻门(创造进球的机会)。
- 创造空当,或者时刻创造禁区内的任意球或罚球。

心态

- 全队都有进球的目标,大家一起为目标努力。
- 当球员抬头看到比赛时间已经过去 88 分钟时,他们心里应该想的是"太好了,我们还有 6 分钟的时间去进球得分!"
- 不要因为时间所剩不多而变得消极。

质量

- 追求在禁区附近的进攻质量。
- 一旦奋力冲刺、精准传球,进攻质量就会提高。

积极

- 要乐观!
- 相信并认定还有足够的时间来创造进球的机会。
- 将尽可能多的球攻入禁区。

时间最大化

- 最大化每一秒。
- 适当调整策略。
- 始终保持冷静和进攻质量。

比赛速度

- 保持比赛速度,但不要急于求成。
- 保持战术的同时加快节奏。
- 只要有时间,就不必着急。

曼联的情境训练

我们经常会在训练中创造这样的情境：球队处于比分落后或者打平的局面（我们需要赢得这场比赛），而此时只剩 10 分钟和 4 分钟补时时间。这些情境主要是为了在主场作战且比赛快要结束时，让观众帮助球队创造进攻的气势和压力。曼联将针对这 14 分钟的情境训练分为 3 个不同的阶段，每个阶段都有不同的目的和目标。训练的最终目标是在 14 分钟内至少有 7 个球攻到对方的禁区，并有 1 个球成功破门！即使只剩 1 分钟，球员的目标仍然是将 1 个有质量的球打入禁区并得分。

通过情境训练，球员们认识和理解了什么是得分的关键因素。终场绝杀成为一种心态，一种积极的关注点，一种习惯。球员们有进攻的自由，以便在比赛后期赢得比赛。对手也是我们创造绝杀球的因素之一，因为他们知道我们曾经成功了多少次，他们很害怕。当曼联主场作战时，老特拉福德球迷会鼓励球员继续前进，因为他们看到一波又一波的进攻涌向对方的防线。

在弗格森爵士执教曼联期间，曼联打进了很多终场制胜球。其中，曼联在 1999 年欧冠决赛上凭借终场制胜球以 2 ∶ 1 击败拜仁慕尼黑足球俱乐部，可能是曼联踢进的最重要的一个终场制胜球。

在我执教曼联期间，曼联也有很多最后时刻的进球，其中，迈克尔·欧文在曼联对抗曼城（4 ∶ 3）的最后一分钟的进球是我印象最深刻的。这个制胜球是球队整体场上应变能力的综合体现：吉格斯完美地使球从曼城的后防线穿过并传给了欧文，欧文的第一脚触球很完美，然后他在远角射门，球进了！

AIG

情境训练示例（3 个阶段）

基于 4–3–3 阵型的情境训练的组织

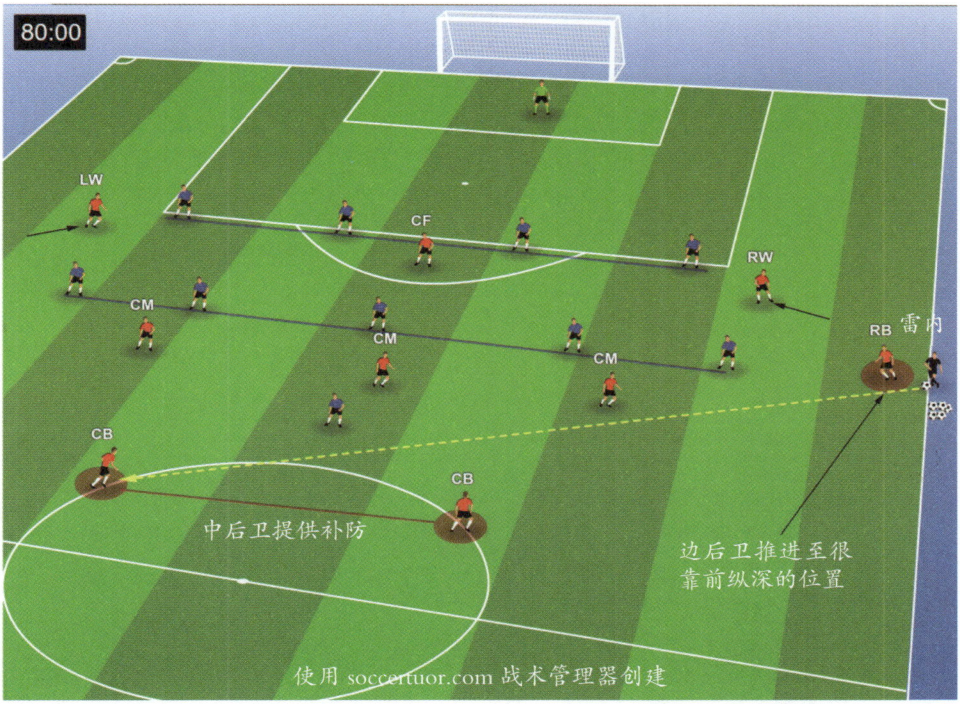

该示例图展示了利用剩余 14 分钟创造“弗格森时间”的情境训练的起始点。

蓝队为 5-4-1 阵型或 4-5-1 阵型，他们通过深度防守试图阻止红队进球，并以人数优势进行防守。

红队为 4-3-3 阵型，其中，边后卫推进至很靠前的位置，中后卫（至少 1 名）提供补防，这意味着他们已经准备好防止对方的反击。

当红队球员接到教练传来的第一脚球时，这个情境训练就开始了。

训练的规则和正式比赛一样，越位、任意球、角球、界外球等均会被判罚。

情境训练中的 14 分钟时间被分成 3 个不同的阶段，每个阶段有各自的标准和目标。

第 1 阶段：剩余 10 分钟（+4 分钟补时），球队处于落后或打平局面但需要取胜

训练目标

落后球队在 14 分钟内在对方禁区内得球至少 7 次，进 1~2 个球来扳平比分或获胜。

训练方法

对阵时尽量保持 4-5-1 阵型或 5-4-1 阵型以守住球门；前锋和边锋占据里侧，与防守队员形成 3v4 的攻防局势；边后卫前插，3 个中场球员控制中场；边锋向禁区内跑动并尝试射门；不参与进攻的中场球员和 2 名中后卫提供补防。该训练持续 4 分钟。

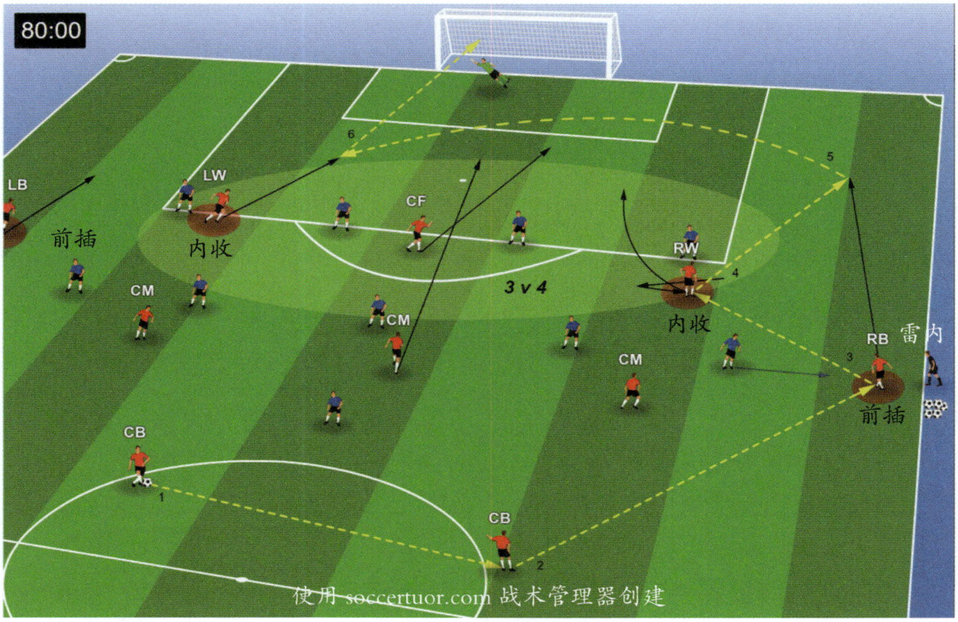

·2 名边锋（左边锋和右边锋）站位内收，和中锋一起与蓝队防守球员形成 3v4 的攻防局势。

·红队边后卫（左边后卫和右边后卫）前插，3 名中场球员控制中场区域。

·红队球员在边路得球后传中，左边锋和中场球员保持向禁区内前插。

·其他中场球员和 2 名中后卫不参与进攻，提供补防（随时准备参与反击）。

如果 4 分钟内没有破门得分，开始第 2 阶段的训练。

第 2 阶段：剩余 6 分钟（+4 分钟补时）

训练目标

10 分钟内在对方禁区内得球至少 5 次。

训练方法

尝试变化战术：边锋向内前插或者再增加前锋（最好是替补）；边后卫再前插；中场队员往禁区内前插或在禁区外远射；不参与进攻的其他中场球员和 2 名中后卫提供补防。该训练持续 4 分钟。

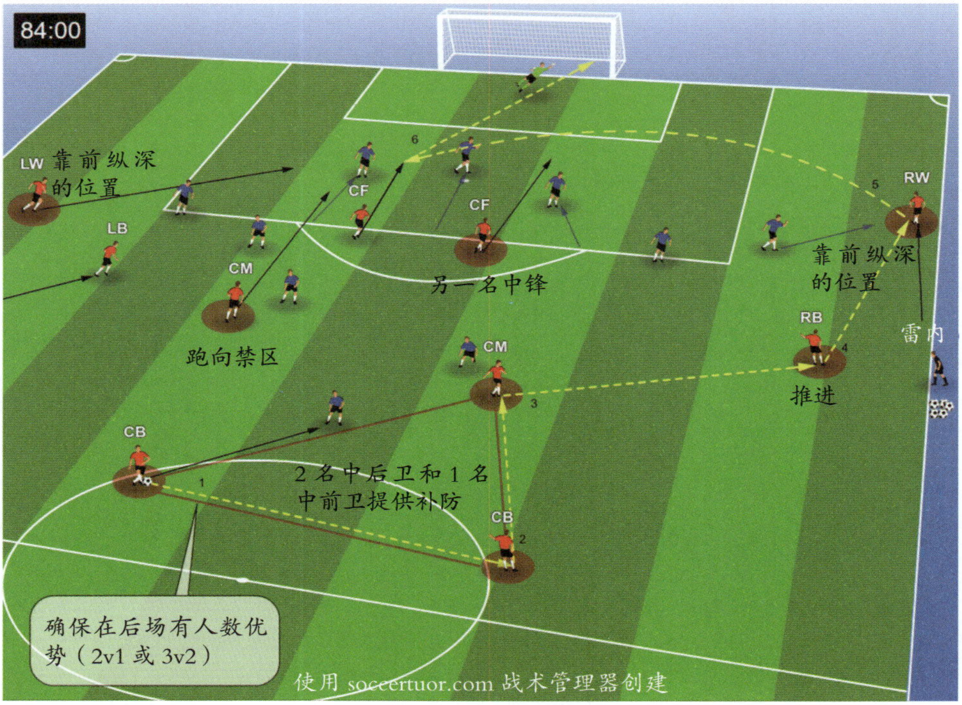

· 红队需要战术调整。

· 红队可以选择让边锋向内前插或用前锋替换掉一名中场球员，也可以选择让 1~2 名边后卫前插到更前的位置以支援边锋。

· 中场球员前插并在禁区外寻找机会远射。

· 不参与进攻的其他中场球员和 2 名中后卫提供补防（随时准备参与反击）。

· 其中一名中后卫移动盯防蓝队前锋，另外一名中后卫拖后盯防。

如果在第 2 个 4 分钟内没有破门得分，开始第 3 阶段的训练。

第 3 阶段：剩余 2 分钟（+4 分钟补时）

训练目标

6 分钟内在对方禁区内得球至少 3 次，力争进球得分。

训练方法

现在处于比赛的最后时刻，需要更激烈的战术变化：中后卫前插，中场球员前插并冲向禁区，寻找反弹球和补射的机会。该训练持续 4 分钟。

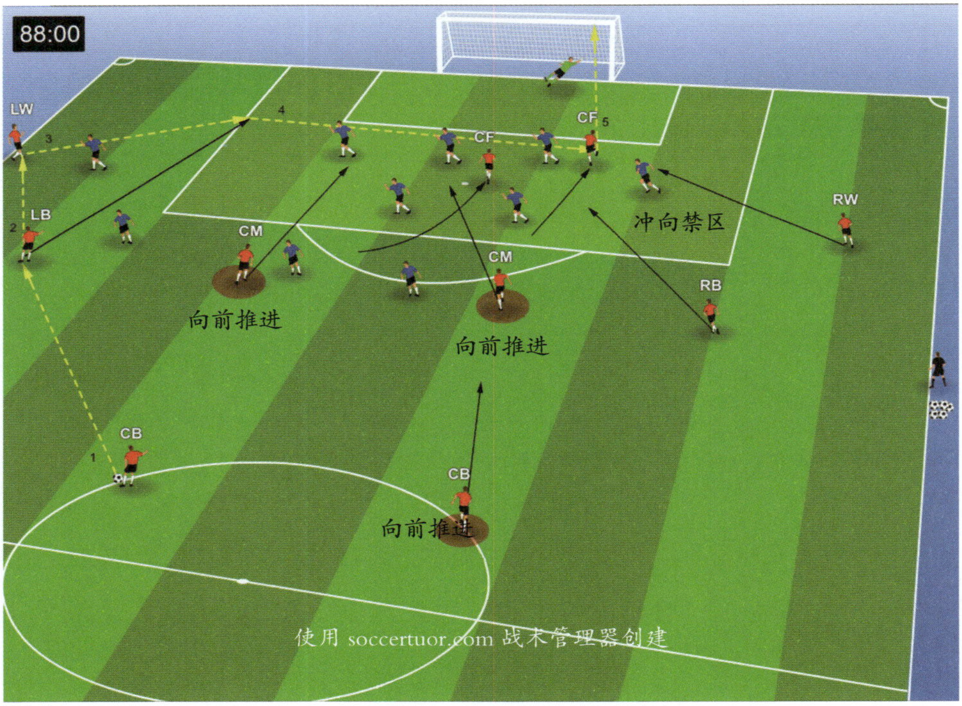

· 禁区内的得球必须转化为进球！
· 其中一个中后卫前插。
· 2 名中场球员都前插。
· 多人冲向禁区的情况下，要通过一个高质量的传球来创造进球机会。
· 寻找所有机会（如反弹球）进球。
· 尝试在有威胁的区域赢得任意球。
· 比赛即使只剩 1 分钟，目标也必须是攻入禁区、破门得分。
· 剩余 1 名中后卫不参与进攻，提供补防（随时准备参与反击）。

6 雷内·梅乌伦斯滕的球员发展模式

杰西·林加德

作者与小时候的杰西·林加德

当我在曼联学院任技术发展教练时，我第一次见到了杰西·林加德。当时的训练主要关注技术发展、1v1 训练和小场地比赛。我鼓励杰西·林加德抓住每个机会去运球和带球跑，以表达自己在球场上的兴奋。我能看到他在一线队展示这些技能真的太棒了。

制定球员发展模式的步骤

分析战术、比赛体系和球员发展

为了对战术、比赛体系和球员发展有清晰的愿景，我首先会对其他球队所使用的战术、比赛体系和球员发展模式做一些分析，并以此作为参考，形成自己的训练哲学。

分析优秀的球队及其成功的关键

通过分析顶级联赛（如冠军联赛）中优秀球队的表现来确定这些球队所具

备的最重要的品质，由此可以知道自己该培养球队的哪些品质。

分析世界级球员

作为顶级球队，最重要的是拥有非常优秀的球员，其中不乏世界级球员。为了确定世界级球员的特质，我分析了过去和当下最优秀的后卫、中场球员和前锋。

创建球员发展模式

明确了顶级球队的特质和世界级球员拥有的品质后，我们也会知道在自己的球队中应该培养哪些品质。“顶级”是我们的参考，也是球员发展模式的目标。

依据年龄和技术水平发展球员

发展模式有 4 个阶段，每个阶段依据球员的年龄、技术水平制定。处于不同技术水平和年龄段的球员需要教练提供不同的针对性训练。

将分析与发展模式应用到训练中

通过分析获得的所有信息都必须被应用到训练场上，球员的技术和创造性发展是所有训练的关键。每种训练都必须有明确的目的，有挑战性和乐趣。我们的目标是追求高质量的训练效果和合适的强度。教练可以单独培养球员，也可以在小场地分组比赛中培养球员。

将技能转移到 11v11 的比赛中

长期目标是让球员结合场上的具体位置将掌握的技能应用到 11v11 的比赛中。

对年轻的教练来说，通过向顶级教练学习从而发展出自己的哲学和视野是很重要的。

培养世界级球员

我分析了过去和当下世界级的后卫、中场球员和前锋的特点。以下是我总结出的在顶级联赛中发挥重要作用的球员所具备的品质。我将解释这些品质的关系，以及我是如何在球员发展模式中组合它们的。

决心
意识
速度
跑位
专注
决策
技能
耐力
态度
尊重
渴望
享受
队风
体力

世界级球员的 4 个关键品质

世界级球员的 4 个关键品质是技术、战术、体能、自信，这 4 个品质都要以最好的方式被激发、培养。当其中一个或多个品质没有得到适当的发展时，球员将无法发挥他们最大的潜力。

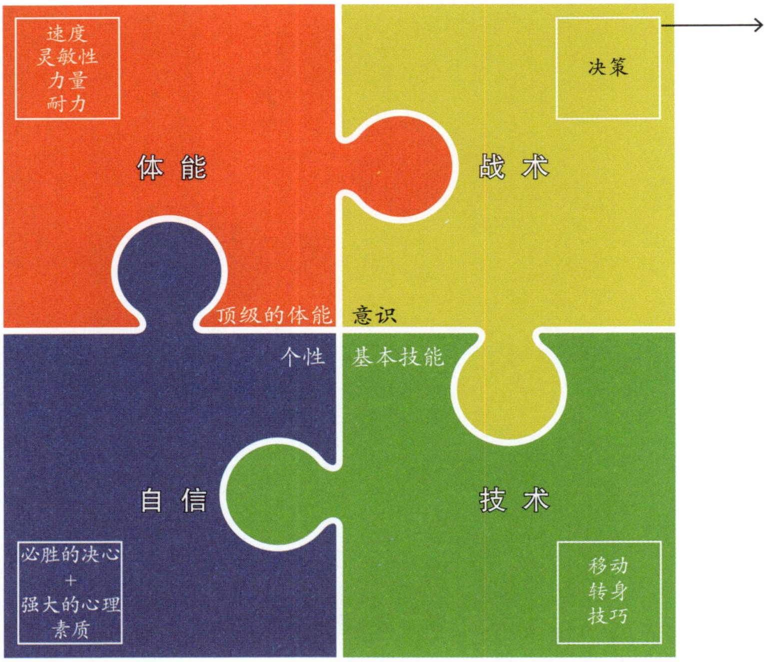

这些特性是教练在分析比赛时观察到的。世界级的球员在比赛中一定会发挥出这些品质。

技术：基本技能

每个球员都必须具备良好的基本技能，如传球、接球、传中、射门和头球。然而，为了能够掌控球场上各种 1v1 的情况，球员必须有其他的技能来击败对手。世界级球员有能力利用个人动作、技能来摆脱对方紧密的防守，创造进球机会。

战术：意识和决策

球员要有良好的战术意识以及对于战术的深刻理解，这是非常重要的。他们需要知道自己在球场上的位置，以及自己在防守阶段、攻防转换阶段、进攻阶段所扮演的角色和应尽的职责。世界级球员知道如何利用自身的能力在比赛中表现得与众不同，清楚自己应在何时、何势、何地如何利用自身的能力，通过一次次正确的决策而在球场上上演最佳表现。

体能：速度、灵敏性、力量、耐力

顶级球员通常拥有顶级的体能。他们能够通过发挥自身良好的体能使自己在比赛中表现得与众不同，他们的体能包括速度、灵敏性、力量、耐力。其中一些体能要素与球员的遗传有关，但所有体能要素都可以通过特定的体能训练被改善。

自信：必胜的决心和强大的心理素质

每个球员都有自己的个性特征，有些球员性格外向，有些球员则比较内向。世界级球员的共同点是拥有强烈的求胜欲望以及取胜的动机，这使得他们能够在比赛中占据主导。在比赛中，世界级球员表现出极大的自信和坚强的信念，从而显得与众不同。

球员品质评估模型

我制作的这个球员品质评估模型可以充分评估球员的各项品质。它为球员提供了分析自身优势和劣势的好方法。详细的评估要素突出了球员的特定优势以及需要改进的方面。此模型可供球员发展教练或球探参考。

体 能

防守		进攻	
节奏的变化	/10	节奏的变化	/10
力量	/10	力量	/10
耐力	/10	耐力	/10
协调性	/10	协调性	/10
平衡能力	/10	平衡能力	/10
关节的活动性	/10	关节的活动性	/10
灵敏性	/10	灵敏性	/10

战术——决策

防守		进攻	
位置	/10	位置	/10
1v1 防守	/10	移动	/10
拦截 / 铲球	/10	1 脚传球	/10
头球 / 时机	/10	传球（转移）	/10
保护 / 补位	/10	1v1 运球	/10
沟通力	/10	传中	/10
领导力	/10	头球	/10

自信——个性品质

防守		进攻	
必胜的信念	/10	信心	/10
个性	/10	自信	/10
刻苦训练	/10	积极性	/10
求胜欲望	/10	求胜欲望	/10
沟通力	/10	团队精神	/10
领导力	/10	领导力	/10
身体语言	/10	身体语言	/10

技术——基础技能 /1V1 技能

防守		进攻	
头球	/10	1 脚传球	/10
铲球	/10	传球（转移）	/10
	/10	传中	/10
	/10	射门范围	/10
	/10	射门	/10
	/10	头球	/10
	/10	1v1 运球	/10

7 专项技术训练

作者与丹尼·维尔贝克

丹尼·维尔贝克早期曾在曼联学院接受过我的训练，针对他，我给出的训练重点是练习他各种各样的技术。

很高兴再次与丹尼·维尔贝克在一线队携手奋战。一样的声音，不一样的个人表现。显然之前丹尼·维尔贝克掌握的那些技术对他在比赛中的表现产生了积极的影响。

技术发展的金字塔模型

技术发展是技术到技能，然后到策略的过程。在整个发展过程中，教练应致力球员的发展、比赛的一般原则及特定的关键方面的研究。

技术：教练通过教授球员不同的动作和技术来帮助球员奠定技术基础。

技能：教练必须引导球员在对抗及小型比赛中运用各种动作和技能。

战略：教练必须能够将技能转化为比赛中的策略，让球员可以在比赛中的特定位置上使用这些动作和技能。

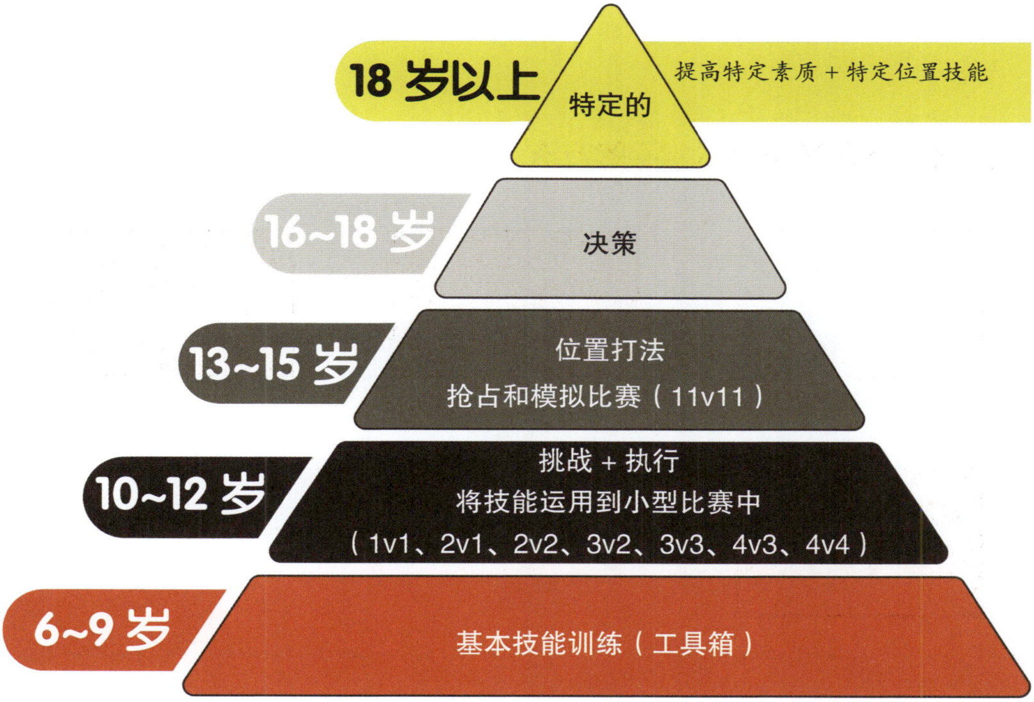

技术训练大纲

- 技能发展（移动、转身和假动作）
- 一脚传球
- 长距离传球
- 接球
- 射门
- 传中
- 头球（进攻和防守）
- 运球
- 带球跑

提升一线队球员技术水平的方法

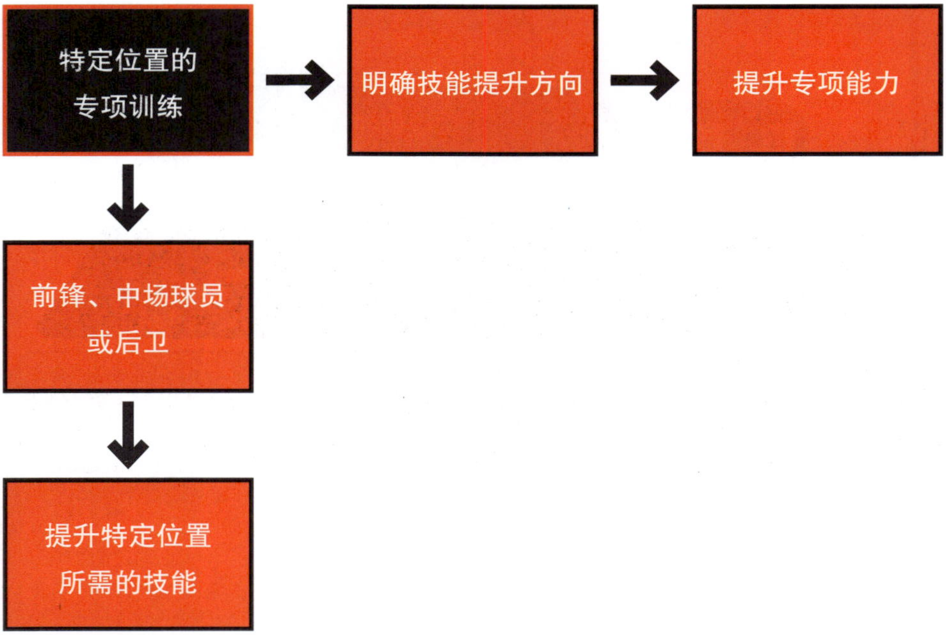

一线队球员的专项技术训练

有关具体的技术培训，弗格森爵士是这样对我说的："球员在技术上提升1% ~ 2%，就可以对联赛中的输赢产生决定性的影响。这就是专项技术训练为球队带来的益处。"

弗格森爵士最初让我来指导迭戈·弗兰的训练。弗兰有着极好的天赋：良好的左脚技术、右脚技术，极快的速度和良好的射门技术。然而，他仍欠缺一些必要的技术技能。我们就 1v1 技术进行了深入地探讨和练习，很快，他在一线队的表现就有了很大的改善。

迭戈·弗兰成功提升技术后，越来越多的一线队球员来找我并要求接受专项技术训练，以保证在 1v1 情境下取得优势并完成射门。每位球员都从专项技术训练中受益，并且在比赛中取得成功。

专项技术训练不仅改善了克里斯蒂亚诺·罗纳尔多、韦恩·鲁尼、路德·范尼斯特鲁伊、罗宾·范佩西、保罗·斯科尔斯、瑞恩·吉格斯、纳尼、奥莱·冈纳·索尔斯克亚等众多球员的个人技术，还提高了他们在赛场上的表现。

当我来到一线队执教时，我对他们中的许多人来说并不是一张新面孔。我知道该如何与这些个性坚毅且经常取得胜利的球员共处。当你对一名球员说"听着，我需要你在比赛中做一些改变"时，球员首先会想到的是："改变？我为什么要改变？我做错什么了吗？"显然，这样说传达给球员们的是消极情绪。"增加"意味着更多，它可以意味着更好，改用这个词就不会与球员产生隔阂。

2007—2008 赛季初，我花了很多时间指导克里斯蒂亚诺·罗纳尔多。我相信他是当时最优秀的年轻（22 岁）前锋之一，但他并不高产。球队需要他进更多的球，我知道那也是他想要的。

我从来不会使用"改变"这个词，相反，我总会对球员说"我希望为你在比赛中的表现'增加'一些东西。"

针对罗纳尔多所做的技术训练，目的就是让他从认识提升到理解，认清自己该如何到达想去的地方。这也是在向他解释制定目标和策略的价值：有明确目标和实际策略的人，将比那些嘴上说“我想要那个”却只是等待最好结果的人更容易接近成功。

克里斯蒂亚诺·罗纳尔多会接受任何建议，只要它可以让他接近自己想要的。

顶级球员需要表达自己和有自己做决定的自由，因为这是他们的职业生涯得以继续下去的关键。

指导一线队球员进行专项技术训练的步骤

弗格森爵士给我训练球员的机会

↓

我会和球员探讨该为他们“增加”（绝不是“改变”）什么

↓

针对 1v1 情境增加移动、转身和假动作训练

↓

把技术总结成训练课程，以便球员充分理解

↘

提升球员的技术水平（反复训练）

↗

球员在比赛中收益并获取成功

↑

给球员们播放他们在比赛中取得进步的视频

↑

球员们看到自己和球队的优异表现

↑

成功

专项技术训练的 4 个关键

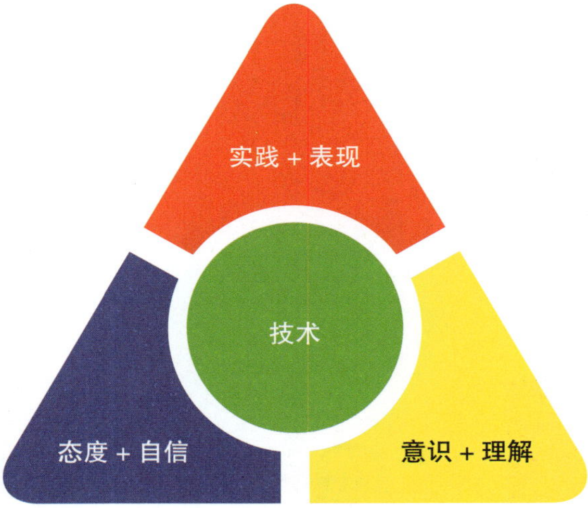

技术

我会向球员强调在比赛中哪些技术重要，以及我将如何帮助他们提升这些技术。球员在比赛中会遭遇不一样的 1v1 情境，需要不同的移动、转身和假动作。

实践 + 表现

结合情境反复进行技术训练，让球员在比赛中有信心去运用这些技术。

态度 + 自信

我会和球员聊我们可以为比赛中会用到的技术增加些什么。我在谈话中经常用到的词是“增加”而不是“改变”，因为这会让他们有积极的反馈。增加的可能是一脚传球配合、转移配合、射门或移动转身等可以用在比赛中的技术。

意识 + 理解

让球员认清自己的长处和需要提高的地方，以及他们在特定位置上可能遭遇的 1v1 情境。球员的理解，简单地说就是球员能在比赛中用特别的移动或技术合理迎战 1v1 对决。

专项技术训练的训练目的和目标

· 训练时最好有 2 名及以上的球员参加，因为这样可以增加不确定性。如果只有 1 名球员，教练只能单一地关注球员技术的完成度。

· 通过个人或小组训练提高球员的技术水平和决策能力。

· 训练内容及其关键因素来自对世界级球员的分析，这是训练课程的基础。

· 高频重复技术动作将会帮助球员在压力环境下更有信心地控球。通过日常训练激发球员在真实比赛中尝试新技能的勇气。

· 为了提升技术球员的水平、让球员在比赛中可以使用这些技术，球员需要成功和失败的历练。

· 控球时有更多选择才会让球员变得更难预测、更难被破防。

· 球员为各种 1v1 情境和射门机会准备得越好，在比赛中就会越有信心。

主导 1v1 情境的专项技术训练

1v1 情境专项技术训练旨在帮助球员在 1v1 情境中占优势，创造更好的比赛情境，在进攻中变得不可预测，能更连贯地控球和策应。

球员在 1v1 情境中如何对抗

态度：超越对手的终极信念！让对手措手不及。

选位：占据与进球、球权、对手或队友相关的位置。

第一脚触球：第一脚触球决定了接下来会发生什么。

靠近对手：带球直面对手，将对手拖入空当。

节奏：改变或保持节奏，快速或慢速移动。

1v1 对抗技术：掌握对手在边路方向、在侧面、在身后、在前面的对抗技术。

取得进球：射门或传中、传球或带球、定位球。

球员在场地的不同位置如何在 1v1 情境中占据优势

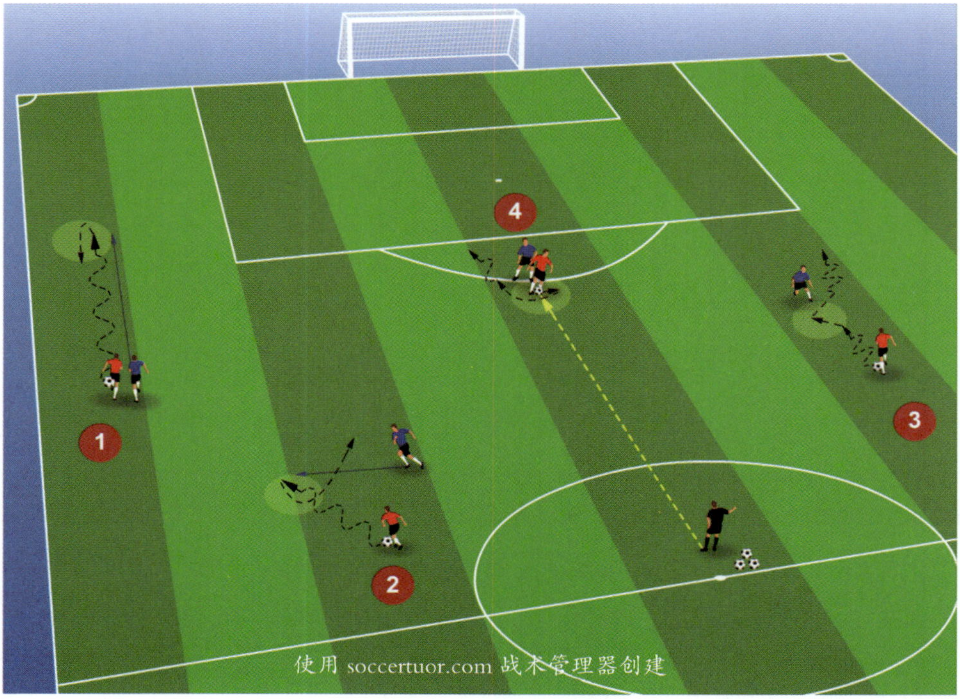

球员在场地的位置越靠前，就越需要掌握 1v1 对抗技术。

前锋：击败对手，传中，制造进球机会。

中场球员：改变进攻角度，向前传球。

防守球员：通过技术训练确保在受到压迫时不用把球回传给守门员，而是向前看、移动并改变方向。

主导 1v1 情境专项技术训练的指导要点

态度：致力培养球员超越对手（或误导对手）的终极信念；致力培养球员迎战防守球员并取得最终胜利的积极心态；致力培养球员的信心，帮助他们树立自信，让他们相信自己在比赛中可以应对任何情况。

选位：球员要认识并理解自己与球门、球、对手及队友的关系，认清自己的角色和责任，以增强进攻的多变性和有效性。

第一脚触球：第一脚触球决定了球员接下来会做什么；球员的决策非常重要，接球技术也非常重要。

靠近对手：在第一脚触球后，对是通过直接跑或运球来迎战对手还是把对手引过来做决策；最佳的决策取决于当时的情况、球员的能力及可用选项。

节奏：在与防守球员对抗时，调整节奏非常重要。保持节奏、放慢节奏还是加快节奏取决于球场状况和球员的位置。

1v1 对抗技术：球员必须能够应对各种挑战及对手，必须具备克服不同挑战的技能。应对侧面、边路方向、后面及前面的对手需要不同的技术。

取得进球：1v1 情境训练的主要目标是让球员有能力创造进球，具体的决策（射门、传中、传球、运球）取决于球员的位置。

情境 1——对手在边路方向（来回移动）

当对手从边路方向跑来时，转身向相反方向移动：

- 踩停球转身
- 踩单车
- 克鲁伊夫转身
- 外钩
- 内钩
- 脚踩球

情境 2——对手在侧面（转身甩开或改变角度）

当被从侧面过来的对手逼迫时，转身并改变进攻角度：

- 向内转身
- 向外转身
- 拉球转身
- 踩单车
- 齐达内移动
- 脚底拉球转身

情境 3——对手在后面（摆脱防守）

转身并远离从后侧上来的防守球员：

· 外侧转身

· 内侧转身

· 突然快速移动球

· 假动作

· 踩单车

情境 4——对手在前面（穿透移动）

移动到前方防守球员的身后：

· 剪式

· 侧步躲闪

· 马修斯过人（脚内侧轻触球，假动作 + 脚外侧重触球）

· 挑球

· 双剪式

· 双横跨

主导 1v1 情境的训练示例

球员在不同的 1v1 情境下练习不同的移动、转身和假动作。球员选择 2 个或 3 个在任何 1v1 情境下都能轻松完成的技术动作。球员必须在团队训练中尝试这些技术动作，这样球员才会知道如何在实战中利用这些技术取得优势。

对手在边路方向：来回移动

1. 在边路随对手来回移动（技术） 8 分钟

训练目标

当对手在边路挑战时，来回移动并转向相反的方向。

训练方法

· 球员 A 和球员 B 向中间的人体模型运球，到达人体模型之前转身（来回移动）向相反的方向移动。转身后，他们把球传给在首发位置等待的队友。

· 球员 A 和球员 B 一旦离开人体模型，球员 C 和球员 D 就开始向人体模型运球，重复之前球员 A 和球员 B 的动作。

进阶变化

将球传给队友之前，使用双脚并结合不同的动作完成 3 个转身。

指导要点

· 球员带球时要加强对球的控制。

· 球员转身时与人体模型要保持正确的距离。

·转身动作可以有多种选择，如踩停球转身、向内转身切入、向外转身切入、踩单车、克鲁伊夫转身、前脚掌踩球转身。

· 使用双脚带球。

2. 来回移动 + 第一次触球和传球（技术）　　8 分钟

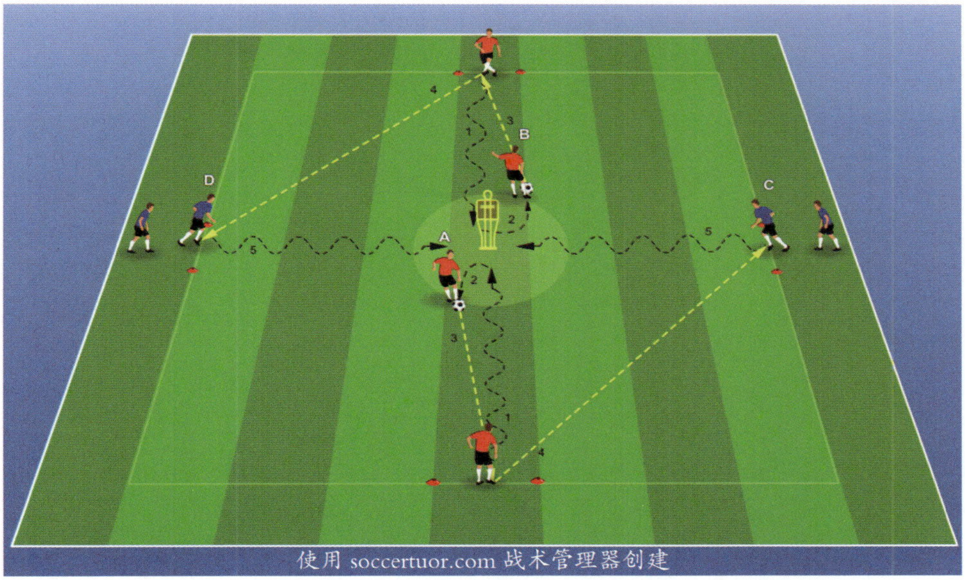

训练目标

当对手从边路跑来时，来回移动并转向相反的方向。

训练方法

· 球员 A 和球员 B 向中间的人体模型运球，来回移动并转向相反的方向。

· 将球传给下一个球员后，接球球员将球传给球员 C 或球员 D。

· 球员 C 和球员 D 向人体模型运球，并重复球员 A 和球员 B 的练习动作。

· 该训练在球员间以逆时针方向继续进行。

进阶变化

球员在人体模型身侧转身。

指导要点

· 球员运球到中间的人体模型时要加强对球的控制。

· 球员和人体模型之间要保持足够的距离，这样才有足够的空间转身。

· 以正确的方式（正确的身体姿态、脚下动作）完成移动和转身。

· 使用双脚运球，向两个方向练习（由逆时针方向改为顺时针方向）。

3. 来回移动 2 次 + 第一次触球和传球（技术） 8 分钟

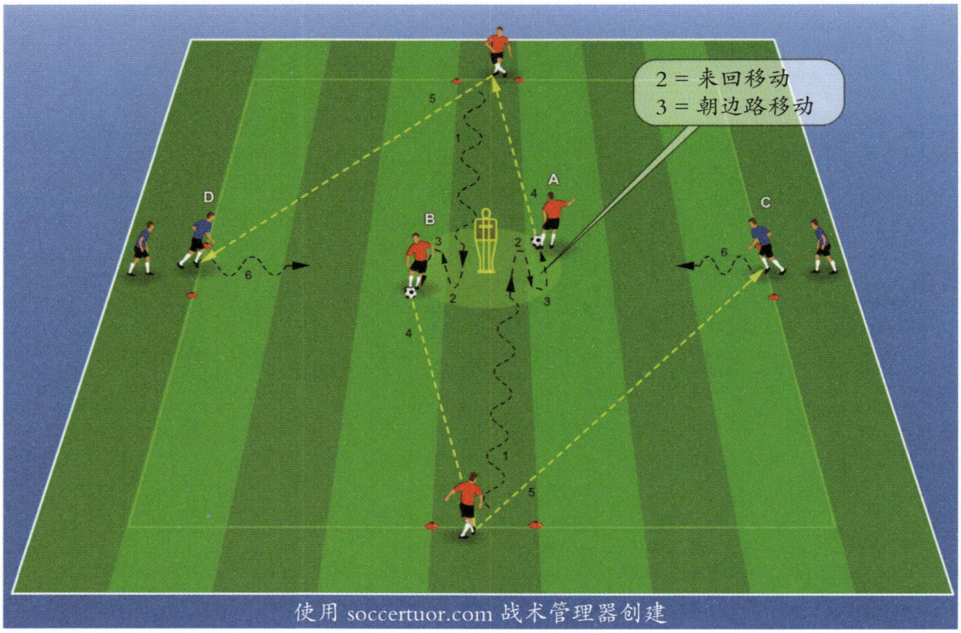

训练目标

当对手在边路时，来回移动 2 次，先变向到相反的方向，然后再次变向并移动。

训练方法

· 球员 A 和球员 B 向人体模型一侧运球，然后来回移动。

· 之后朝另一个侧面移动，再次变向。

· 接球球员将球传给球员 C 或球员 D。球员 C 和球员 D 开始向人体模型运球，并重复与球员 A 和球员 B 相同的练习动作。

· 该训练在球员间以逆时针方向继续进行。

指导要点

· 球员要快速向人体模型的一侧运球，同时加强对球的控制。

· 球员要在掩护球的同时快速完成来回移动。

· 可以直接向另一侧移动（克鲁伊夫转身或踩单车过人）。

· 使用双脚运球，朝两个方向练习（由逆时针方向改为顺时针方向）。

4. 在有一个场外接应球员的小场地比赛中来回移动　　4×2 分钟

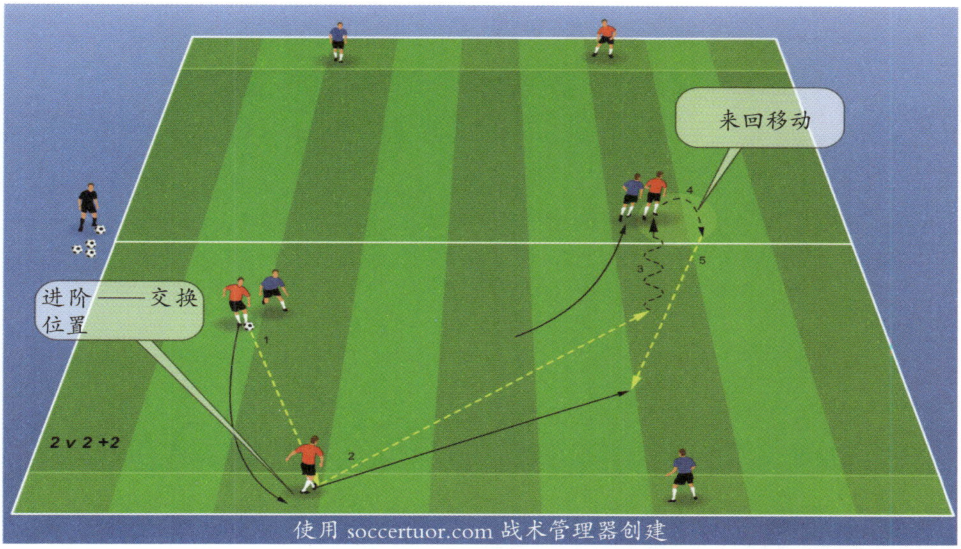

训练目标

在真实比赛情境下，球员在对手主动施压下练习来回移动。

训练方法

· 进行 2（+2）v2（+2）的小场地比赛，每支球队都有 2 名场外接应球员。

· 控球球员（红队球员）试图通过策应场外的球员及使用来回移动改变方向来创造控球空间。

· 如果蓝队球员拦截或抢球，他们应通过策应场外球员和来回移动来控球。

· 训练时间为 2 分钟，之后换场外球员上场训练。

进阶变化

控球球员将球传给场外接应的队友后，两人交换位置。这要求接应球员必须针对对手在进攻区域做出应对。刚控球的球员可以使用来回移动快速改变方向。

指导要点

· 时刻观察对手的方位。

· 做传球、转身或改变方向的决定时，球员须先做出准确的决策。

· 球员在转身时要确保自己处于对手和球之间的合理位置，以遮挡和保护球。

5. 在 11v11 比赛中使用来回移动技术的方法和时机

A. 后卫（左后卫 + 右后卫）

当后卫沿着边路向前跑动并有对手（边锋）逼近时，他可以通过来回移动转身到相反的方向。

最终决策：将球传给中后卫或中场球员。

B. 边锋（左边锋 + 右边锋）

边锋（右边锋）沿边线向前跑动时可以做传中的假动作，当对方后卫试图拦截或阻挡传中时，边锋就可以通过来回移动转身到相反的方向。

最终决策：传球给中场球员。

边锋也可以来回移动 2 次，通过 2 次变向来摆脱防守球员（参见图例中左后卫路线）。

最终决策：把球传向禁区。

C. 中场球员

当中场球员被两侧防守球员夹击时，他的理想做法是转身到相反的方向。

最终决策：带球向前或传球给队友（图例中为向前长传）。

对手在侧面：转身摆脱

1. 以一定的角度转身摆脱侧面的对手（技术） 8 分钟

训练目标

球员练习不同的动作，转身摆脱侧面的人体模型（对手）。

训练方法

· 球场两侧的球员 A（红队和蓝队）朝人体模型的一侧运球。

· 在人体模型的一侧，他们以一定的角度转身后朝相反的方向跑动。

· 摆脱人体模型后，他们把球传给球员 B，球员 B 以同样的方式顺时针方向继续练习。

· 训练要在顺时针、逆时针两个方向展开，这样球员可以练习以不同角度转身摆脱防守球员的动作。

指导要点

· 球员在运球的同时要加强对球的控制。

· 球员与人体模型（对手）应保持足够的距离，以防对手将球抢断。

· 球员应控球并准确避开人体模型（对手），让身体保持在球和人体模型（对手）之间。

2. 转身摆脱侧面的对手（消极施压） 8 分钟

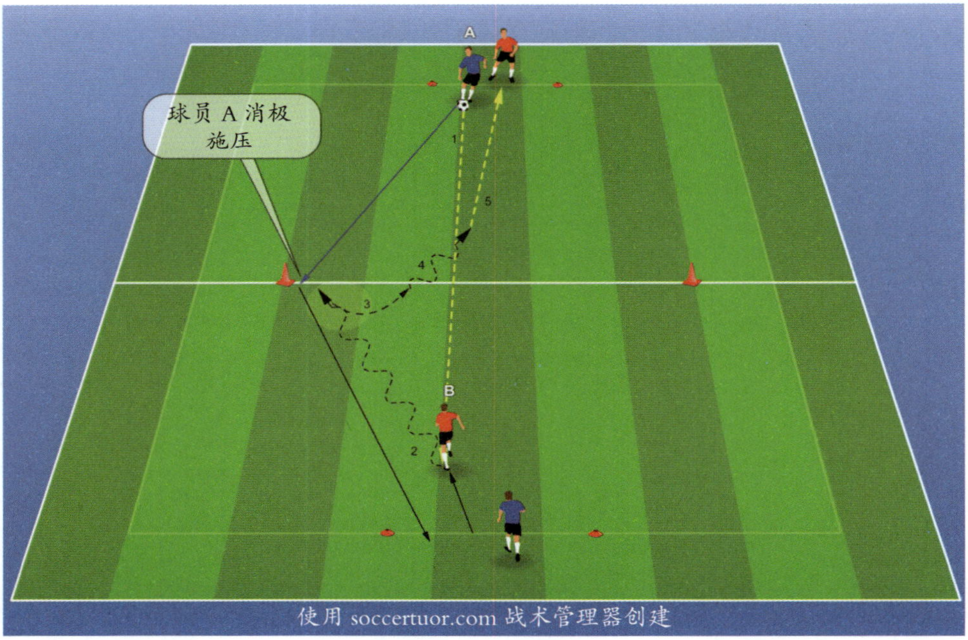

训练目标

球员练习不同的移动和转身，摆脱侧面的防守球员。

训练方法

· 球员 A 将球传给球员 B，球员 B 的第一脚触球指向左边或右边的一个标志桶。

· 球员 B 带球跑向标志桶的那一刻，球员 A 开始对其压迫、逼抢（消极施压）。

· 球员 B 按一定的角度变向后迅速向另一侧运球，远离蓝队的防守球员。

· 球员 B 传球给另一侧的轮换球员。

· 接到传球的球员运球到左侧或右侧的标志桶，以练习各种移动和转身动作。

指导要点

· 第一脚触球后带球向标志桶方向运球。

· 加强控球的同时加快带球的速度。

· 与对手保持距离的同时保持正确的移动和转身动作。

· 移动和转身时注意控球。

· 加速超越、摆脱对手。

3. 在有 4 个小球门的小场地进行专项训练 3×4 分钟

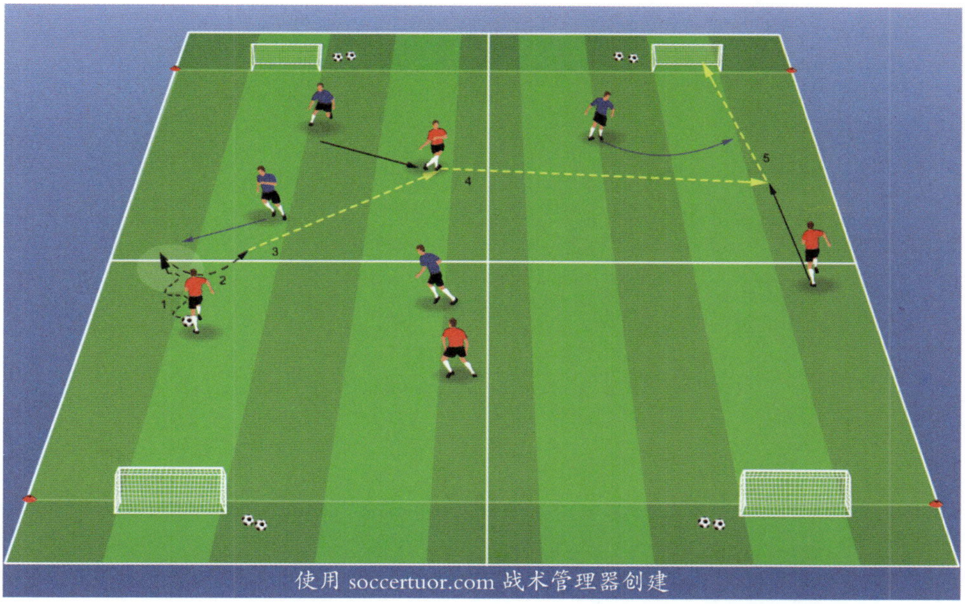

训练目标

球员快速运球的同时使用移动或转身来改变进攻的角度，目的是在另一侧的进攻中得分。

训练方法

· 在场地的一角进行有 4 个小球门的 4v4 训练。

· 球员应该使用各种过人动作或转身来摆脱对手，然后快速运球得分。

· 当其中一队落后 2 分时，换另一队控球。并以相同的规则继续训练。

进阶变化

通过变化规则来加大训练的难度。

指导要点

· 球员在持球时要创造宽度和深度。

· 运球速度要快。

· 控球方将球尽快转移到球场的另一侧。

· 使用移动和转身可以快速改变进攻角度。

· 让对手相信你要向一个目标攻击（假动作），然后迅速转身朝相反的方向跑动。

4. 在 11 人制的比赛中使用转身摆脱对手技术的方法和时机

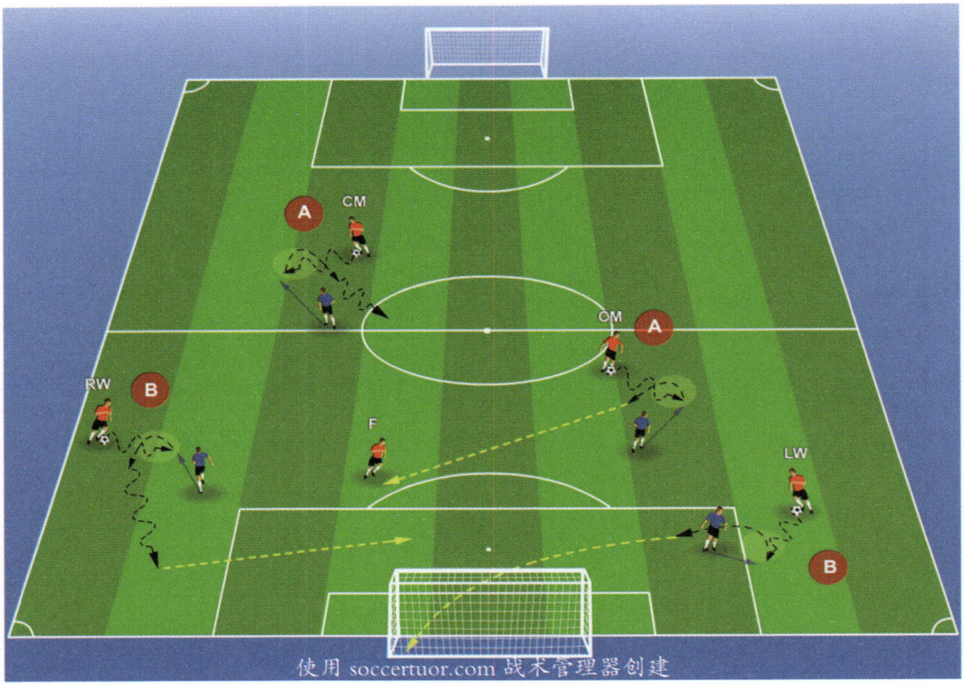

A. 中场球员

当中场球员持球并且有足够的空间带球摆脱防守时，他们会使用转身摆脱的技术。

如图所示，中场球员会选准时机使用转身摆脱技术迅速转身，并改变踢球的角度。

最终决策：向前传球、改变比赛节奏或向前带球。

B. 边路球员（左边路 + 右边路）

边路球员会选择在外线或内线运球来摆脱防守球员，并且使用转身摆脱技术以实现内切运球或者外线突破。

最终决策：球员传中、射门、传球或运球进入禁区。

正面 1v1 时，利用移动和假动作突破防守

1. 在正面 1v1 中突破防守，且防守球员只能沿一条线水平移动 12 分钟

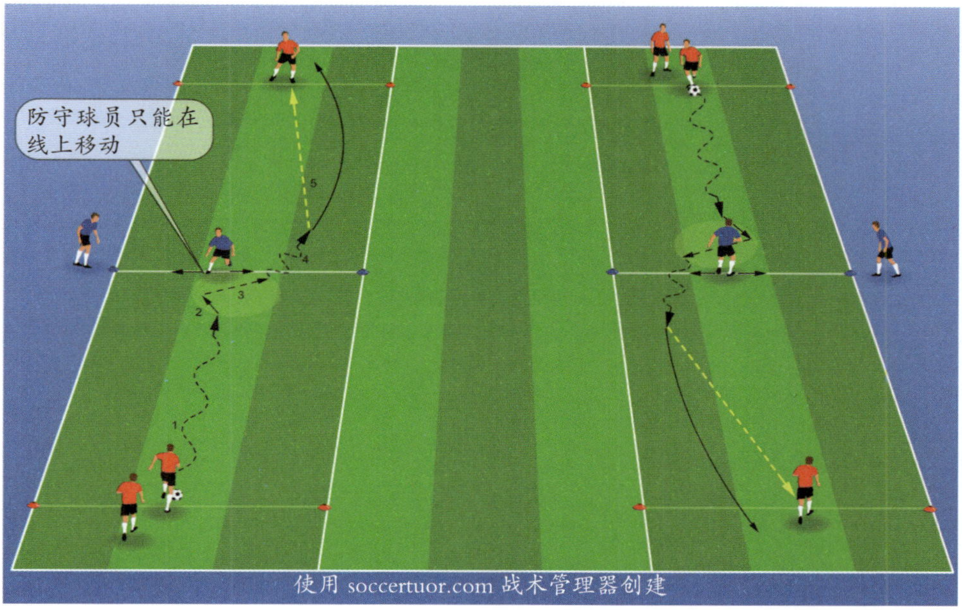

训练目标

练习 1v1 中正面突破对手的动作。

训练方法

· 进攻球员朝着中间防守球员的方向快速运球，同时防守球员只能在规定的防守线上做水平移动。

· 进攻球员突破防守球员后，将球传给在另一场区内等待的进攻球员。

· 防守球员要计算他们成功抢断了多少个进攻球员的球。

· 每 2~3 分钟轮换一次防守球员。

指导要点

· 进攻球员将球快速带向防守球员时要加强对球的控制。

· 球员做 1v1 过人动作时，要与防守球员保持足够的距离。

· 使用对方预料之外的过人动作并且加速带球远离。

· 防守球员需要使用正确的侧身防守动作。

2. 在正面 1v1 中突破正方形区域内的防守球员

训练目标

练习 1v1 中突破正面防守的动作。

训练方法

· 如图所示，进攻球员朝着中间防守球员的方向快速运球，同时防守球员在规定的正方形区域内进行防守。

· 进攻球员突破防守球员后将球传给另一场区内等待的进攻球员。

· 防守球员要计算他们成功抢断了多少个进攻球员的球。

· 每 2~3 分钟轮换一次防守球员。

指导要点

· 进攻球员快速运球靠近防守者时要加强对球的控制。

· 进攻球员做 1v1 过人动作时，要与防守球员保持足够的距离。

· 使用对方预料之外的过人动作并且加速带球远离正方形区域。

· 防守球员需要使用正确的侧身防守动作，并为转身阻断进攻球员的进攻做好准备（在正方形区域内）。

3. 在 11v11 比赛中使用正面 1v1 过人动作的方法和时机

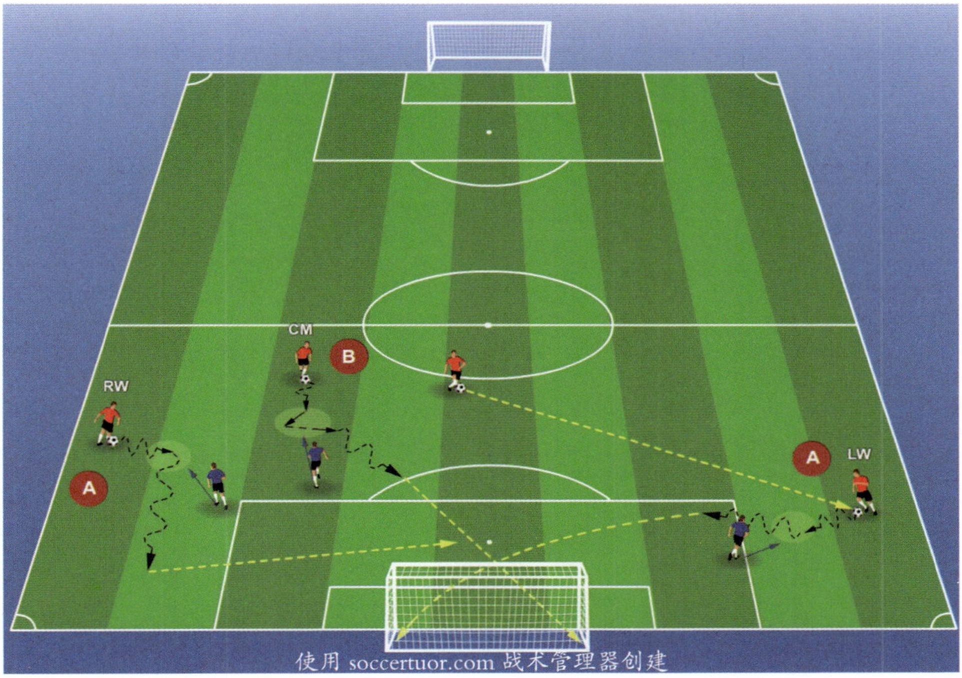

A. 边路球员

在 11v11 比赛中，边路球员会向对方的边后卫运球。当在右边路时，右边锋做 1v1 过人动作，从内线突破对方的边后卫。

最终决策：右边锋将球传入禁区或者沿着禁区线倒三角回传。

在左边路时（变化），左边锋带球内切突破对方边后卫，并且创造射门得分的空当。

最终决策：左边锋射门或者将球传给负责包抄的队友。

B. 中场球员

在 11v11 比赛中，中场球员向前运球并将球带到有利位置，随后带球突破防守球员并将球运到禁区线附近。

最终决策：中场球员射门得分。

防守球员在身后：转身或者使用摆脱技术

1. 转身远离或摆脱身后的防守球员　　12 分钟

训练目标

球员练习转身摆脱防守技术，远离身后的防守球员。

训练方法

· 球员 A 将球传给中路球员，中路球员身后的防守球员形成压迫（消极施压）。

· 中路球员转身（180°　）摆脱身后的防守球员后将球传给球员 B。

· 球员 B 在另一侧重复练习。

· 练习重复 4 次后，轮换中间的防守球员。

进阶变化

防守球员对中路球员施加的压力越来越大。

指导要点

· 球员 A 到球员 B 之间的一系列传球必须保持合适的球速和传球力度。

· 要朝中场球员利于接球的一侧传球。

· 控球球员要创造合适的空当做动作，从而转身运球远离身后的防守球员。

· 转身要快速。

2. 面对背后的防守球员，转身或使用摆脱技术的方法和时机

A. 中场球员接直传球

中场球员回身接中后卫的直传球，接球后转身快速摆脱防守球员，随后带球远离防守球员。

B. 中场球员接斜传球

如图所示，中场球员拉开角度并接应来自边后卫的传球，接球后快速移动并转身，将球带到侧面的空当，从而摆脱身后的防守球员。

C. 右边锋靠近边线

右边锋快速转身并向内线移动，以摆脱防守球员，从而转到防守球员身后的空当，然后继续快速运球并将球传入禁区。

D. 左边锋向内切

左边锋接内线球后迅速做转身动作，并继续向内运球进入禁区完成射门。

E. 前锋背身拿球

如图所示，前锋在对方中后卫紧贴的情况下拿球并迅速做转身动作，到防守球员身后的空当并射门。

注：转身和摆脱是十分重要和有效的移动，因为它可以让球员摆脱防守的同时打破对方的整条防线。

完成射门的专项技术训练

曼联一线队球员的射门技术训练涵盖了所有的射门情境、角度，球员们在比赛中遇到的任何射门机会对他们来说都不陌生，射门的可视化及得分的形式也是提升射门技术的重要组成部分。例如，克里斯蒂亚诺·罗纳尔多总是想打进完美的进球——在禁区外将球打入球门上角。但这样的进球千载难逢，我认为更可行的是教会他如何在各种可能的情境下做出最佳的选择，例如，以不同的方式攻入禁区并利用他出色的头球能力将传中球打进。

射门技术训练指导要点

态度：训练进攻球员射门时的攻击力；以进球得分为射门目标；在场上要保持专心、专注，面对压力时要镇定自若；射门失误后（并不是所有射门都能得分）及时调整并再次射门。

位置：帮助球员理解射门是正对球门还是有角度地面对球门，或是背对球门；与球门保持怎样的距离；与防守球员是怎样的位置关系。

射门区域：让进攻球员既知道自己的位置，还知道自己在哪个射门区域；让球员明确相对球门和守门员，哪里是最好的射门区域。

尝试：进攻球员必须快速评估射门的方式，是第一脚触球就射门，还是调整后再射门（取决于传球的质量），或是通过做假动作或传中来调整位置后射门。

射门类型：进攻球员依据前 4 个要点，根据自己和对方守门员之间的位置关系来判断使用哪种射门类型（远射、定位球、弧线球、搓射、吊射、凌空球或半凌空球）。

目标区域：进攻球员依据前 5 个要点决定球门的目标区域，即将球射向球门的中间、顶部、底部、左角或右角，踢高球或者低平球（都取决于球员与对方守门员的位置关系）。

射门区域

3 个射门区域：

射门区域 1——中路。

射门区域 2（L2/R2）——中路与边路的结合处。

射门区域 3（L3/R3）——边路。

球门不会移动，但守门员会！

进攻球员必须知道自己在哪个射门区域，必须知道自己与球门和守门员之间的位置关系。具备这些意识，进攻球员才能更好地完成射门并得分。

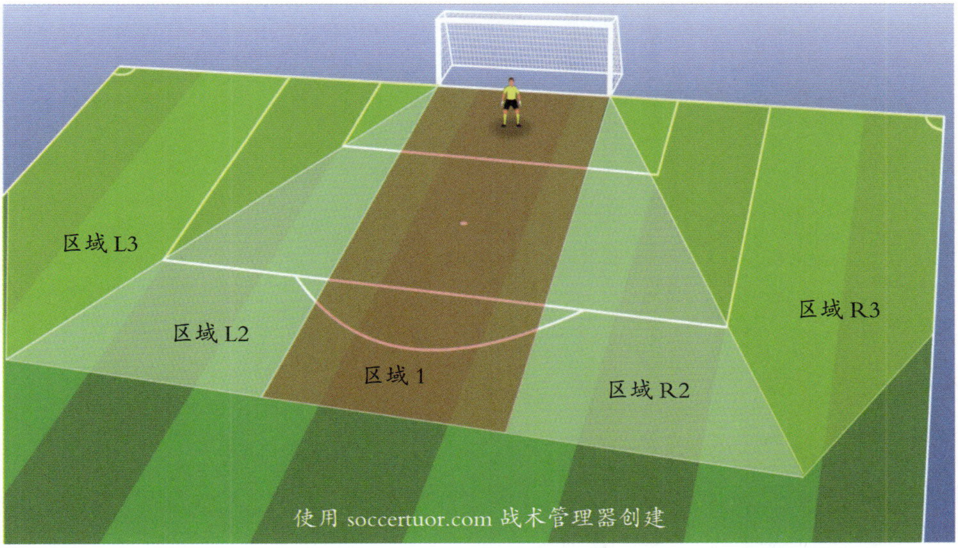

球门的 9 个射门区域

我将球门划分为 9 个区域以让球员更加具体和精准地射门。进攻球员根据自己与防守球员、守门员的相对位置决定将球射向球门的哪个区域。进攻球员在射门时应该瞄准球门具体的位置。通过反复的练习，进攻球员才能更容易确定射门位置。

在中路射门（射门区域 1）

这个区域是射门得分的最佳位置。进攻球员处在球门前中路的区域。若守门员在球门中间的位置防守，进攻球员可以朝守门员的任意一侧射门，也可以射向球门的上角、中间或底角。

在中路左侧或右侧射门（射门区域 L2/R2）

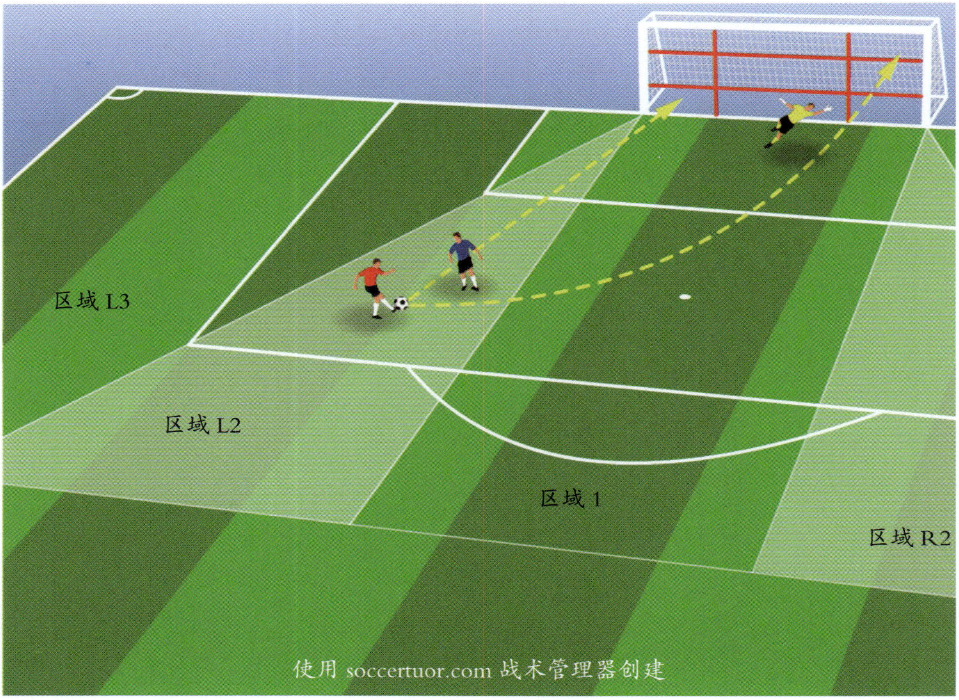

这是大多数射门发生的位置。守门员相对进攻球员（和球）来调整位置，以扑救来自不同角度的射门。当防守球员试图切断射门路线时，进攻球员用技术尝试突破在边路的防守球员是非常重要的（朝向区域 1），所以他射门得分的机会会增加。如果进攻球员在区域外决定突破防守球员，那么他必须调整射门角度，此时守门员的位置也会相应改变。

在左右边路的射门（射门区域 L3/R3）

在这个区域直接射门是最难的，但也不是不可能成功。对于来自这样的小角度（前门柱或后门柱）且带有假动作和不可预测性的射门，一些守门员会被打得措手不及。如果进攻球员有能力突破防守球员且能在边路将球带入区域 R2，他完成射门并得分的机会将会增加。进攻球员如果在这个区域外，在突破防守球员且将球带入靠近边线的区域后，他将很有可能传中或回传给在区域 1 的队友。

个人射门专项技术训练示例

射门专项技术训练可以帮助球员认识和理解自己与球和防守球员的位置关系、与球门和守门员的位置关系；选择并练习最好的射门技术来完成射门；寻找最佳的射门区域来进球得分。

在禁区边缘接来自不同角度的球并以多种方式完成射门的练习

15 分钟

1. 第一时间打开身体射门

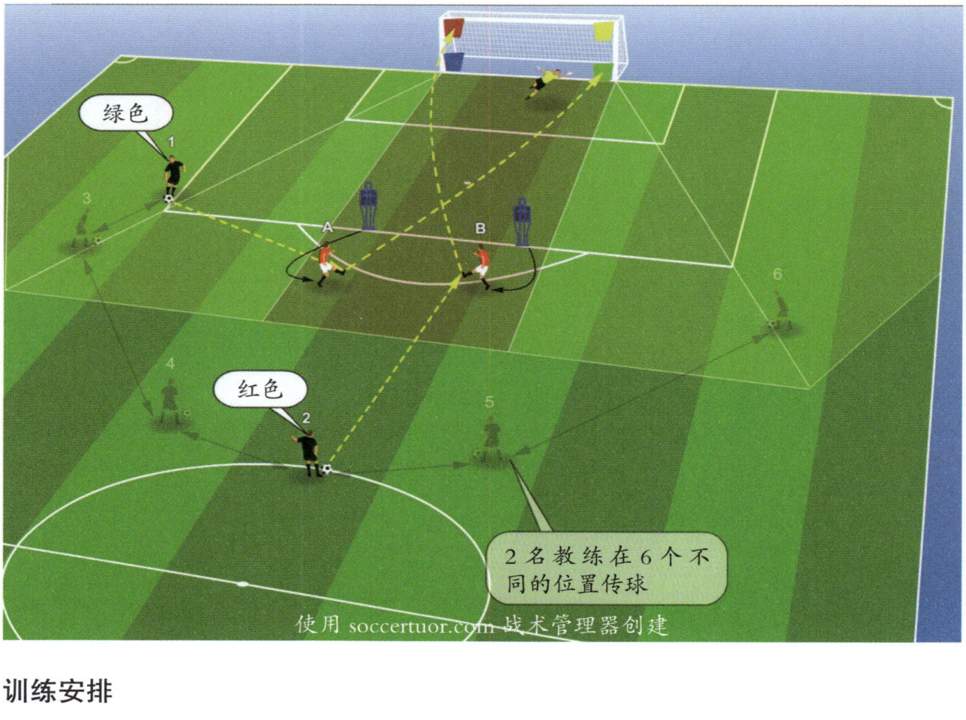

训练安排

教练从 6 个不同的位置传球。接受射门训练的球员和 2 名教练及 2~4 名球员共同练习，每名球员轮流射门。

第 1 名教练分别在位置 1、3、5 给球员 A 传球。第 2 名教练在位置 2、4、6 给球员 B 传球。

在进行下一轮训练之前，球员在每个传球位置完成4次重复训练(1→2→3→4→5→6)。

教练可以通过在球员射门之前告诉他应该去哪个区域射门来提升难度。

训练目标

通过训练，球员们必须展现良好的技术，正确的决策、视野、意识，及高度精准的射门。

训练方法

· 教练把球以一定的角度回传给在禁区边缘的球员 A，球员 A 调整自己的位置并在第一时间射门。

· 教练将球向前传给背向球门的球员 B。球员 B 转身远离人体模型并调整站位（打开）后在第一时间射门。

指导要点

· 球员 A 将身体打开，调整步法，使用右脚射门。瞄准球门顶部的黄色或底部的绿色区域。

· 球员 B 保持左臂在球的上方，右脚在球的旁边，做好球从脚背和左脚内侧的过渡并跟进。

2. 接从一定角度来的球并射门

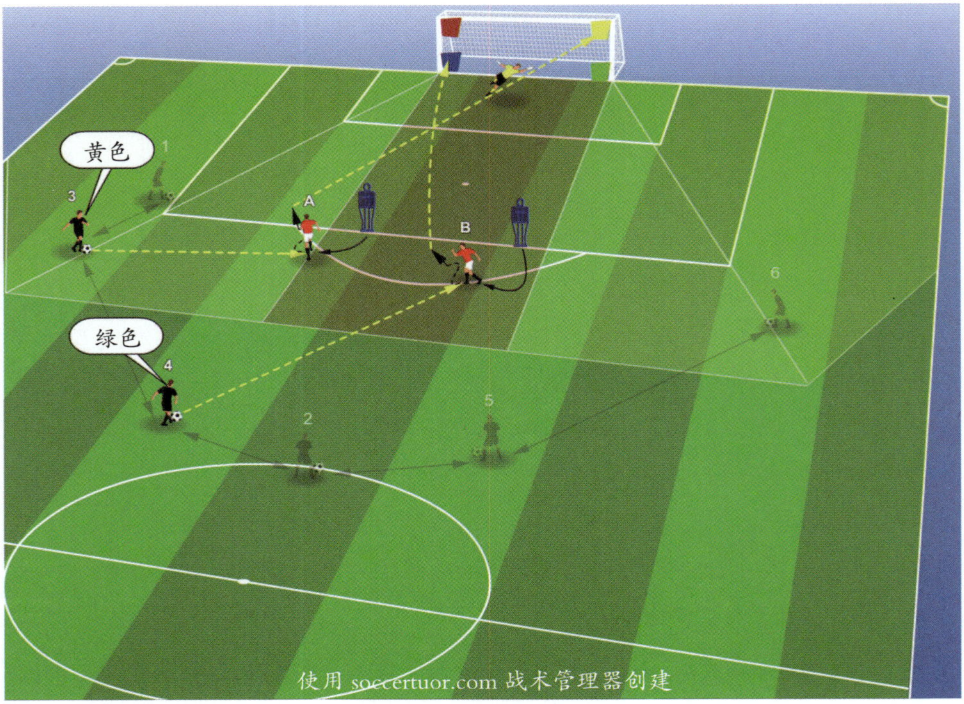

该训练接续上一个训练，展示接下来的 2 个传球（3 和 4）和射门角度。在进行下一轮训练之前，球员在每个传球位置（3 → 4 → 5 → 6）轮转 4 次。

训练方法

· 教练从边路传球给在禁区边缘的球员 A，球员 A 要在第一脚触球时接住球并在第二脚触球时射门。

· 教练以一定的角度给在禁区边缘、背向球门的球员 B 传球，球员 B 转身远离人体模型并打开身体，第一脚触球时接住球，第二脚触球时射门。

指导要点

· 球员 A 右脚垫步并将球勾至左脚，瞄准球门顶部的黄色或底部的绿色区域以正确的技术用左脚射门。

· 球员 B 以一定的角度接球，用一个右转身来调整自己的角度，以正确的技术用左脚完成射门。

3. 接球、带球、射门与接边路传球后第一时间射门

该训练接续上一个训练，展示了接下来的 2 个传球（5 和 6）和射门角度。球员在每个传球位置轮转 4 次。

训练方法

· 教练从后侧以一定的角度将球传给球员 A。球员 A 必须接球并带球过掉人体模型来完成射门。

· 教练从边路给背向球门的球员 B 传球。球员 B 转身远离人体模型，打开身体，调整好位置后在第一时间射门。

指导要点

· 球员 A 用多变的移动和技术（倒钩球、侧步躲闪、带球、推球、踩单车）过掉人体模型（防守球员）来创造射门条件。

· 球员 B 通过移动远离人体模型（防守球员），并利用一脚触球完成射门。

· 球员 A 和球员 B 对教练的要求迅速做出反应并准确完成。

球穿过小禁区＋回传的近距离射门练习　　15 分钟

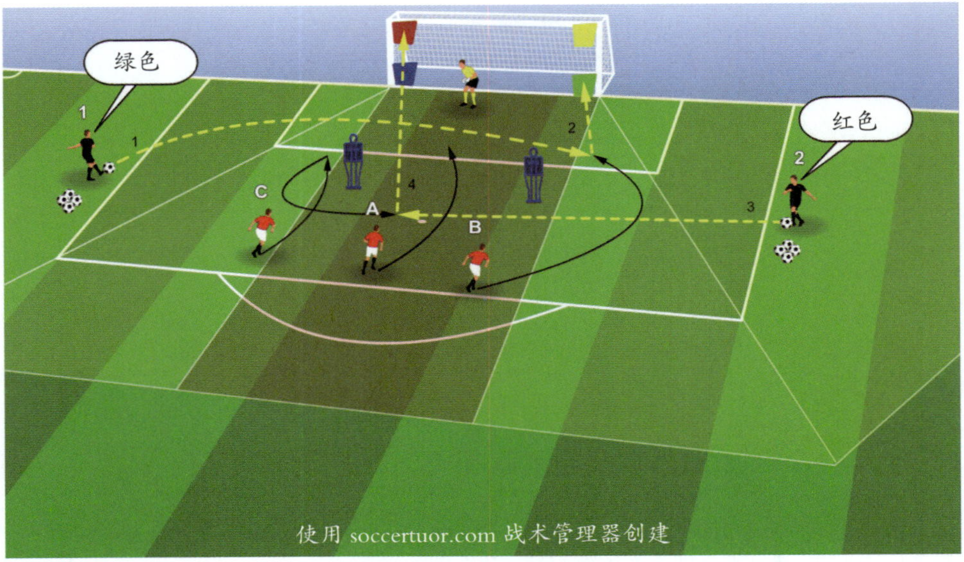

训练安排

禁区两边各有一名教练把球传进禁区内。3 名红队球员在图中所示的位置开始训练，配合 2 名教练的传球移动。教练也可以通过告诉球员朝球门的哪个区域（绿色、蓝色、红色或黄色）射门来提升训练的难度。

训练目标

近距离射门。

训练方法

· 教练 1 在球门前将球传中给跑动（穿过小禁区）的中间球员 A 和后柱的球员 B，2 位球员在该情境中射门得分。

· 教练 2 做将球穿过小禁区的假动作，实则将球传给球员 C，球员 C 假装跑过人体模型然后迅速回切接球，并第一时间在罚球点附近射门。

指导要点

· 球员 A 用靠近前门柱的脚内侧触球完成射门。

· 球员 B 用靠近后门柱的脚内侧触球完成射门。

· 球员 C 用脚内侧或脚背触球完成射门。

· 所有球员及时跑动，球员之间要建立良好的策应。

在禁区边路接球、内切并完成射门的练习　　15 分钟

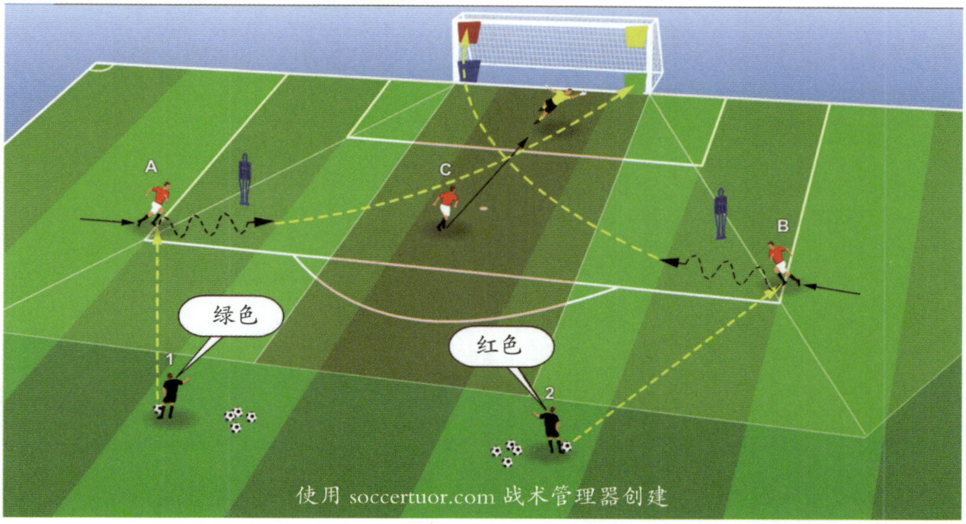

训练安排

2 名教练和 3 名红队球员从如图所示的位置开始训练。

教练也可以通过告诉球员朝球门的哪个区域射门(绿色、蓝色、红色或黄色)来提升训练的难度。

训练目标

球员在禁区边接球后，尝试朝球门的底角或上角射门得分。

训练方法

· 教练 1 将球传给左边的球员 A，球员 A 接球并突破人体模型(防守球员)，尝试朝球门的右下角（绿色区域）或右上角（黄色区域）射门得分。

· 教练 2 将球传给右边的球员 B，球员 B 接球并突破人体模型(防守球员)，尝试朝球门的左下角（蓝色区域）或左上角（红色区域）射门得分。

注意：①如果守门员扑救成功，那么接近球门的球员 C 必须尝试补射得分。②红队球员在区域 3 接球时很难在那里射门得分，因此他必须在内线摆脱后卫的防守并进入区域 2，从而增加破门得分的机会。

指导要点

· 球员 A 和球员 B 快速带球越过人体模型（防守球员）后完成射门。

·进攻球员用右脚或左脚的脚背射门，形成到球门的上角或顶角的弧线球，使球远离守门员。

在禁区外接球并以不同的方式完成射门的练习　　15 分钟

1. 打开身体射门 + 二打一配合射门

训练安排

2 名教练和 3 名红队球员从如图所示的位置开始训练。教练也可以通过告诉球员朝球门的哪个区域（绿色、蓝色、红色或黄色）射门来提升训练的难度。

训练目标

球员必须展示良好的技术，正确的决策、愿景、意识和较高的射门准确性。

训练方法

·教练 1 将球以一定的角度传给禁区边缘的球员 A，球员 A 接球并调整位置在第一时间射门。

·教练 2 将球以一定的角度传给禁区外的球员 B，球员 B 接球后和前锋打二打一配合，进入禁区后接回传球并第一时间完成射门。

指导要点

· 球员 A 摆脱任意人体模型，在 1~2 脚触球后射门。

· 球员 B 使用脚背或脚内侧来完成射门。

2. 接高空球射门 + 凌空射门

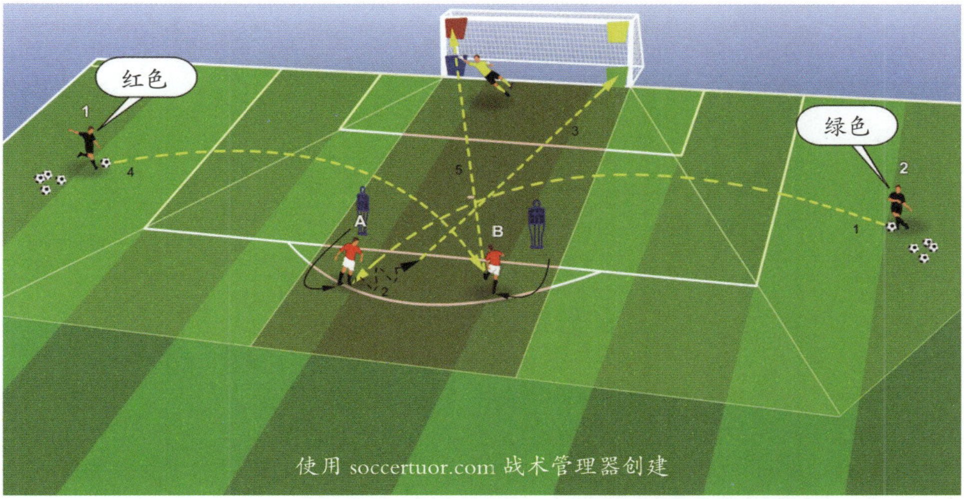

该训练接续上一个训练，展示了另外 2 种变换形式（3 和 4）。

训练方法

· 教练 2 从侧面传球给禁区边缘的球员 A，球员 A 接球后在第 2 次触球时完成射门。

· 教练 1 从一侧向球员 B 传空中球，球员 B 背对球门在禁区边缘接球后摆脱人体模型，将身体打开并在第 1 次触球时凌空抽射。

指导要点

· 球员 A 用正确的身体部位（胸部、大腿、脚内侧）接球后将球停到最佳的区域完成射门。

· 球员 B 正确判断球的飞行路线直至准确接球，以有效完成凌空射门。

· 球员 A 和球员 B 摆脱人体模型并接过顶球。

小组射门专项技术训练示例

在射门循环训练中练习 1v1 专项技能（包括 4 个 1v1 技术训练）

10 分钟

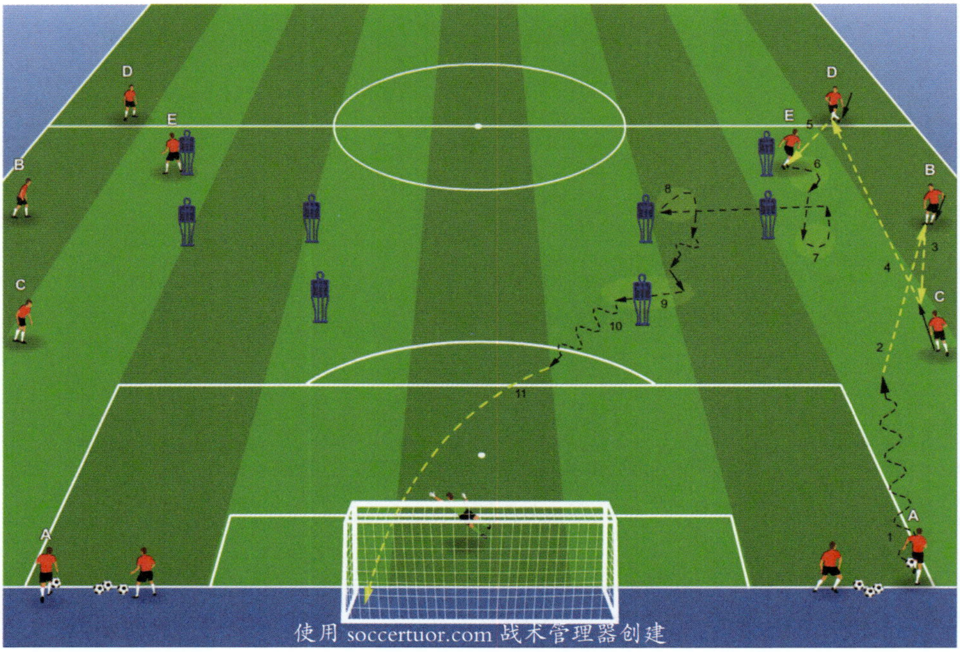

训练目标

在不同的射门位置练习 4 个关键的 1v1 技术。

训练方法

球员应尽可能使用一脚传球，每个球员都会轮转到下一个位置（A→B→C→D→E→A）。

· 球员 A 从边线前插到禁区的边缘。

· 球员 A 传球给球员 B。

· 球员 B 将球回传给向前跑动的球员 C。

· 球员 C 将球传给位于中线位置的球员 D。

· 球员 D 做一个对角线短传将球传给球员 E，球员 E 则摆脱人体模型去接球。

· 背对防守球员（人体模型）的球员 E 以一个假动作转身摆脱防守。

· 球员 E 以一个前后移动摆脱从侧面靠近的第 2 名防守球员（人体模型），向相反的方向运球。

· 球员 E 做另一个假动作来改变进攻角度，从而摆脱与其呈一定角度的第 3 名防守球员（人体模型）。

· 最后一名防守球员（人体模型）在球员 E 的正面，球员 E 要用正面 1v1 技术来突破该防守球员。

· 球员 E 带球向前。

· 球员 E 尝试射门得分后轮转到另一边。

注：曼联一线队的球员很喜欢这类训练，这是他们最喜欢的训练之一，因此他们会完成得非常出色（以不同的移动和假动作快速完成每轮训练）。

在射门循环训练中快速接队友传球并改变方向 10 分钟

训练目标

接队友传球后迅速改变进攻方向，并用正面 1v1 技术突破防守球员。

训练方法

球员应尽可能使用一脚传球，每个球员都会轮转到下一个位置（A → B → C → D → E → A）。

- 球员 A 从边线前插到禁区的边缘。
- 球员 A 传球给球员 B。
- 球员 B 将球传给位于中线位置的球员 C。
- 球员 C 快速传一个地滚球（对角线）给从另一边跑动接应的球员 D。
- 球员 D 向人体模型方向运球，如图所示。
- 球员 D 用脚后跟（带有假动作）将球传给球员 E。
- 球员 E 突破防守球员（人体模型）。

· 球员 E 尝试射门得分，然后轮转到另一边。

指导要点

· 球员 A 快速向前推进的同时加强对球的控制。

· 球员 B 从后方接球后变为向前进攻。

· 球员 C 通过移动来传球。

· 球员 D 接球、带球，并在正确的时刻用脚后跟传球。

· 球员 E 在跑动的同时正确判断接应球员 D 的时间点，紧随其后的是优质的第一脚触球和利落的射门。

以小组为单位进行有角度的射门和补射训练　　10 分钟

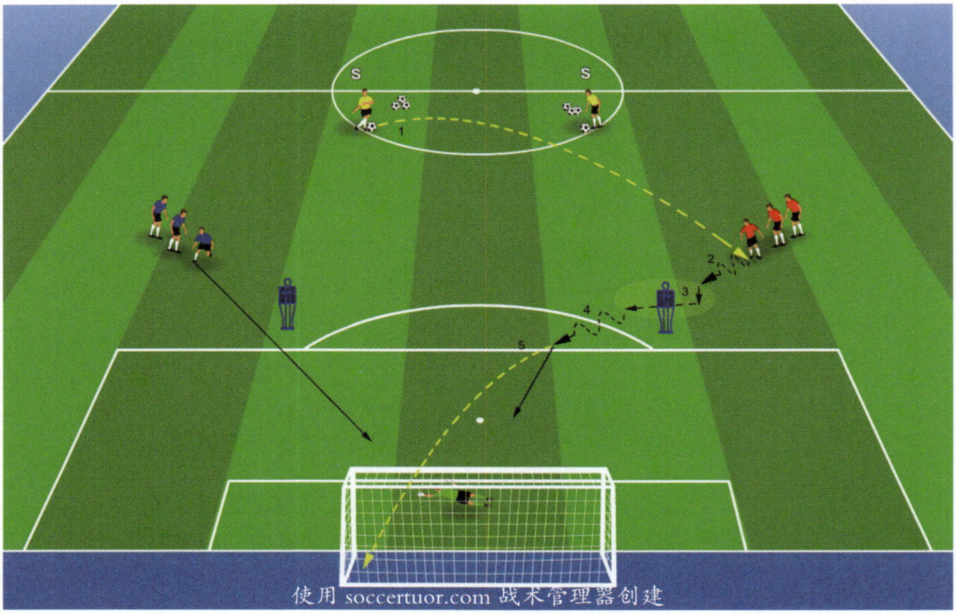

训练目标

带球突破禁区边缘的防守球员后以一定的角度射门 + 补射。

训练方法

· 练习从发球者传对角线地滚球（或高空球）开始。

· 红队球员控球并向内线移动。蓝队球员从另一边开始向内线移动。

· 球员接球并快速改变方向（使用 1v1 技术），创造空当并带球远离防守球员（人体模型）。

· 球员向球门方向运球。

· 球员以一定角度射门，旨在使球绕过守门员以一定的弧度落入球门的死角，同时，球员还要注意抓住补射机会。

· 循环训练，对面的传球者传球给下一个蓝队球员，下一个红队球员准备补射。

指导要点

- 发球者的传球要紧凑和准确。
- 球员面向人体模型，第一次触球时控制住球。
- 球员越过人体模型的同时与其保持足够的距离。
- 使用正确的技术来突破人体模型。
- 选择正确的射门类型，射门动作要精准、利落。
- 蓝队球员必须迅速对反弹球做出反应并快速、灵活地完成补射。

小组自由射门练习——接球、策应和在禁区内射门 10分钟

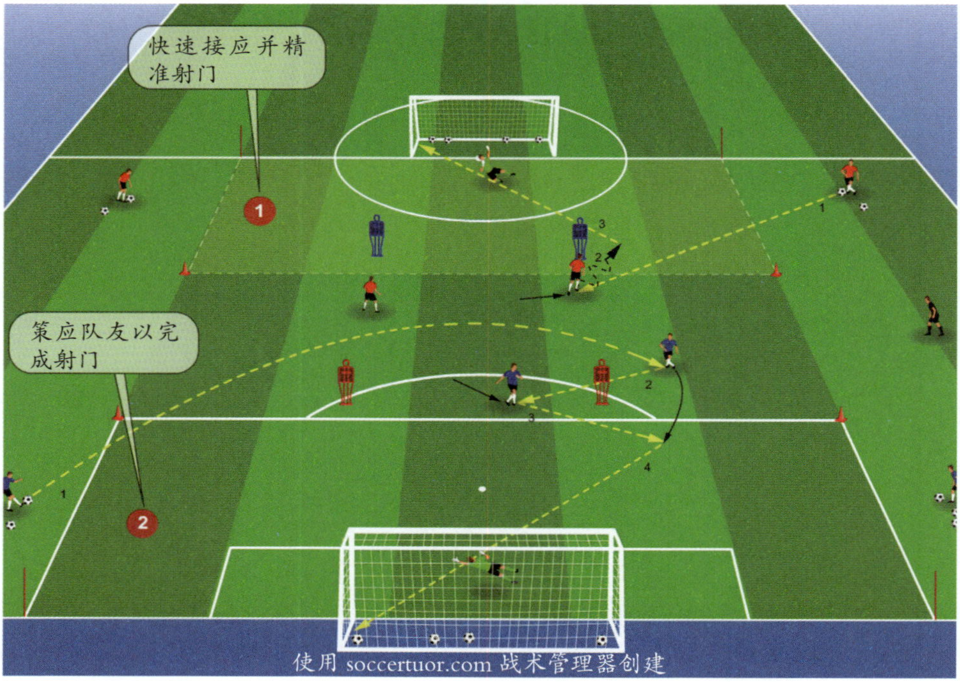

在此训练中，可以把区域分隔板放在球门的角落，以保证准确完成射门。

训练目标

在不同位置完成射门，以及用不同的方式完成射门。

训练方法

· 4 名球员为 1 组，2 名球员喂球，2 名球员练习射门。主要进行接球、射门，快速配合，以及第一时间射门的组合训练。

· 第 1 组球员练习快速、冷静、准确地射门，确保有守门员一同训练。

· 球员轮流接来自 2 名喂球者的传球，球员可以直接射门也可以接球后射门（如图所示）。

· 第 2 组球员相互配合（策应）来完成射门。

在该图例中，第 1 名蓝队球员接空中球后与队友进行二打一的配合以完成

射门。在完成 4 次射门后，球员轮换。

指导要点

- 喂球员的传球要准确、多样。
- 要保证第一脚触球的质量。
- 快速、精准地射门。
- 在射门时，前锋之间要保持高质量的策应和丰富的想象力。
- 第一脚触球的时间点要精确。

3v3（+2）+ 守门员的小场地射门比赛　　15 分钟

训练目标

在对抗比赛中练习不同类型的射门。

训练方法

· 2 支球队在如图所示的区域中进行 3v3（+2）+ 守门员的小场地常规射门对抗练习。

· 训练的重点是加快比赛节奏，最多触球 3 次，并确保创造尽可能多的机会来射门。

· 训练从守门员开始，守门员可以以不同的方式传球（短传、中传、长传）。

· 进攻球队应该利用人数优势（5v3）创造空当，并频繁射门得分。

· 一旦球出界，从守门员开始重新训练。

指导要点

· 控球球队必须集中精力创造好的位置来射门。

· 球员要了解什么时候该拿球，什么时候该向后跑。
· 射门时保持冷静。
· 抓住机会尽早射门。
· 别犹豫，射门！

8 曼联的训练课程

作者与迭戈·弗兰

迭戈·弗兰是第一批除常规训练之外还接受我的专业技术训练的球员之一。

我的目标是提高迭戈·弗兰的技术水平，让他成为一名技术更全面的球员。他对专业技术训练的反馈非常好，这些技术贯穿他的整个职业生涯，很好地帮助了他。

合理组织训练课程

为训练课程设置合适的强度

教练为训练课程设置强度主要出于 3 个原因：

· 使训练课程尽可能接近真实的比赛。

· 使球员的爆发力和耐力在短时间内达到合适的水平。

· 球员通过重复适宜的强度水平，有更多的机会来提升自己。

教练首先要明确参与每节训练课程的球员数量、场地规模及每场训练的时长，然后将这些要素合理整合以形成适宜的训练强度。

· 有竞争性的训练（1v1 / 2v1 / 2v2）：20~40 秒，重复 4 次，间歇 1 分钟。

· 小场地比赛（3v3 / 4v4 / 5v5）：2~4 分钟，重复 4 次，间歇 1 分钟。

· 中场地比赛（6v6 / 7v7 / 8v8）：8~12 分钟，重复 1~4 次，间歇 2 分钟。

· 大场地比赛（9v9 / 10v10 / 11v11）：12~45 分钟；重复 1~4 次（训练时长为 12~16 分钟），间歇 5 分钟。

根据球员的数量组织训练课程

除了强度，球员的数量也是组织训练课程时需要考虑的因素。人数越多，花在练习和比赛上的时间就越多；人数少的练习和比赛，球员则需要更短的爆发时间和更大的训练强度。

训练课程的时间安排和规模大小与球员的水平相关。球员的水平越高，则规模越小、训练时间越短。教练为水平较低的球员安排训练时必须要调整训练的规模和时间，让球员有能力实现设定的目标。

22 名球员一起训练

11v11 持续时间

- 1×45 分钟
- 2×30 分钟 /2×45 分钟
- 3×20 分钟 /4×15 分钟
- 6×10 分钟

10v10（+2）持续时间

- 2×8 分钟 /2×10 分钟

训练类型

- 控球比赛 / 攻防转换

21 名球员一起训练

10v10（+1）持续时间

- 2×8 分钟 /2×10 分钟

9v9（+3）持续时间

- 2×8 分钟 /3×6 分钟

7v7（+7）持续时间

- 3×6 分钟 /3×8 分钟

训练类型

- 控球比赛 / 攻防转换

20 名球员一起训练

10v10 持续时间

- 2×8 分钟
- 2×10 分钟
- 2×12 分钟
- 2×15 分钟
- 2×20 分钟

9v9（+2）持续时间

- 2× 8 分钟
- 2×10 分钟

8v8（+4）持续时间

- 1×10 分钟
- 2×8 分钟
- 3×6 分钟

训练类型

- 有条件的控球比赛
- 规则：区域、范围、边线和超负荷强度
- 攻防转换（积极的和消极的）

19 名球员一起训练

9v9（+1）持续时间

- 1×12 分钟
- 2×8 分钟

8v8（+3）持续时间

- 1×10 分钟
- 2×10 分钟
- 3×6 分钟

训练类型

控球

18 名球员一起训练

9v9 持续时间

- 1×20 分钟
- 2×10 分钟

8v8（+2）持续时间

- 1×12 分钟
- 2×8 分钟
- 2×10 分钟

7v7（+4）持续时间

- 1×10 分钟
- 2×8 分钟
- 3×6 分钟

6v6（+6）持续时间

- 1×8 分钟
- 2×8 分钟
- 3×4 分钟
- 3×6 分钟

训练类型

- 组织防守
- 组织进攻
- 进攻战术
- 从进攻到防守的转换
- 从防守到进攻的转换

17 名球员一起训练

8v8（+1）持续时间

- 1×10 分钟
- 2×8 分钟

7v7（+3）持续时间

- 1×8 分钟
- 2×8 分钟 /3×6 分钟

训练类型

- 比赛
- 压迫式队形
- 控球：轮转控球、带球向前，相互之间一脚传球，节奏和目的
- 攻防转换
- 反击：提前传球并且跑动，将球推进到对方的后三区
- 创造 1v1、2v1 情境：传中、射门
- 速度、力量、穿透力和不可预测性

16 名球员一起训练

8v8 持续时间

- 1×16 分钟
- 2×8 分钟 /3×6 分钟
- 4×4 分钟
- 8×2 分钟

7v7（+2）持续时间

- 1×10 分钟
- 2×8 分钟

6v6（+4）持续时间

- 1×8 分钟
- 2×6 分钟
- 4×4 分钟

训练类型

参见 17 名球员一起训练

15 名球员一起训练

7v7（+1）持续时间
- 1×10 分钟
- 2×8 分钟

6v6（+3）持续时间
- 1×8 分钟
- 2×6 分钟
- 3×4 分钟

5v5（+5）持续时间
- 1×5 分钟 /2×5 分钟 /3×5 分钟

训练类型
- 有条件的比赛（挑战和目的）
- 从进攻到防守的转换
- 从防守到进攻的转换

14 名球员一起训练

7v7 持续时间
- 1×14 分钟
- 2×7 分钟
- 3×6 分钟

6v6（+2）持续时间
- 1×6 分钟
- 2×5 分钟
- 3×4 分钟
- 4×3 分钟

5v5（+4）持续时间
- 1×5 分钟 /2×5 分钟
- 3×4 分钟
- 4×3 分钟

训练类型
- 参见 15 名球员一起训练

13 名球员一起训练

6v6（+1）持续时间
- 2×6 分钟

5v5（+3）持续时间
- 2×5 分钟 /2×6 分钟

训练类型
- 参见 15 名球员一起训练

12 名球员一起训练

6v6 持续时间
- 2×6 分钟

5v5（+2）持续时间
- 2×5 分钟

4v4（+4）持续时间
- 2×4 分钟 /3×4 分钟

训练类型
- 注重质量和强度的比赛
- 从进攻到防守的转换
- 从防守到进攻的转换

11 名球员一起训练

5v5（+1）持续时间
- 2×5 分钟 /2×6 分钟

4v4（+3）持续时间
- 2×4 分钟 /3×4 分钟

训练类型
- 参见 12 名球员一起训练

10 名球员一起训练

5v5 持续时间
- 2×5 分钟
- 3×5 分钟

4v4（+2）持续时间
- 2×4 分钟 /2×5 分钟

3v3（+4）持续时间
- 2×4 分钟 /3×4 分钟

训练类型
- 参见 12 名球员一起训练

9 名球员一起训练

4v4（+1）持续时间
- 2×4 分钟

3v3（+3）持续时间
- 3×3 分钟 /3×4 分钟

训练类型
- 从进攻到防守的转换
- 从防守到进攻的转换

8 名球员一起训练

4v4 持续时间：
- 4×4 分钟
- 6×4 分钟
- 8×4 分钟

3v3（+2）持续时间
- 2×4 分钟
- 3×3 分钟

2v2（+4）持续时间
- 4×2 分钟

训练类型
- 带守门员的小场地比赛
- 专注于重复和成功

7 名球员一起训练

3v3（+1）持续时间
- 3×3 分钟

2v2（+3）持续时间
- 4×2 分钟

训练类型
- 参见 8 名球员一起训练

6 名球员一起训练

3v3 持续时间
- 3×4 分钟
- 4×3 分钟

2v2（+2）持续时间
- 4×3 分钟
- 6×2 分钟

训练类型
- 参见 8 名球员一起训练

5 名球员一起训练

2v2（+1）持续时间
- 5×1 分钟 /5×2 分钟

训练类型
- 态度：创造性、直接性和不可预测性

3 名球员一起训练	2 名球员一起训练
1v1（+1）持续时间	**1v1 持续时间**
·8×20 秒	·8×20 秒
·8×40 秒	·6×40 秒 /4×60 秒
训练类型	**训练类型**
·1v1 对抗	·1v1 对抗

曼联针对特定对手的训练课程

我在曼联期间，教练组经常会针对即将迎战的对手调整训练课程，调整后的训练课程主要针对对手的弱点练习特定的比赛模式和得分方式。

例如，针对博尔顿漫游者（英超），我们主要是避免犯规、加强定位球防守；针对阿森纳（英超），我们主要是进行切断转换和进攻的练习，如切断法布雷加斯和范佩西的配合；针对切尔西（英超），我们主要做的是当大卫·路易斯控球失误时向他施压，使用低位传中避免彼得·切赫和特里控制禁区，并且通过假动作射门来躲避拦截，将注意力集中于反弹球；针对 AC 米兰（欧冠 2010 年 16 强），由朴智星向皮尔洛施压，拦截对方的球并快速反击；针对沙尔克 04 足球俱乐部（FCSCHALKE，欧洲冠军联赛半决赛，2011），面对守门员曼努埃尔·诺伊尔（Manuel Neuer）时，精确地瞄准空当是终结比赛的关键；针对阿森纳，由朴智星、纳尼、鲁尼及处于巅峰状态的罗纳尔多保持良好的防守组织，快速突破，赢球。

训练示例 1——对抗 AC 米兰（欧冠 16 强，2010 年 2 月 14 日）

针对 AC 米兰的战术准备会

- 组织经验丰富的教练组成员和球员参会。
- 分析对方能力全面的球员（尤其是皮尔洛）
- 利用速度变化，经常使用加速。
- 打乱对手的节奏！
- 我方控球时，利用场地的宽度进行转移。
- 控制传球的质量。

· 做正确的决策。

针对 AC 米兰的训练

· 自行车训练 + 预防伤病训练，15 分钟。

· 8v2 区域训练，10 分钟。

· 10v10 有球门的控球比赛，2 组，每组 4 分钟。

在 50 码 ×50 码、有球门的区域运球突破（1~2 次触球）。

第 1 个 4 分钟：一组球员防守并收紧。

第 2 个 4 分钟：两组球员交换角色保持控球

· 10v10+ 守门员的进攻球门比赛，12 分钟。

利用同样的练习设置，球员带球并尝试射门得分。

专注于不一样的进攻速度，利用场地宽度转移球。

· 在两个禁区之间进行 11v11 对抗，12 分钟。

朴智星推进并压迫斯科尔斯以阻止其运球（针对皮尔洛）；专注于不一样的速度，利用场地宽度转移球。

· 额外的传中和射门练习，20 分钟。

训练示例 2—— 对抗 AC 米兰（欧冠 16 强，2010 年 2 月 15 日）

针对 AC 米兰的训练

· 慢跑和拉伸 + 热身，15 分钟。

· 8v2 区域训练，10 分钟。

· 常规 4 球进攻训练， 8 分钟。

· 在半场内进行 11v11 对抗，15 分钟。

朴智星推进并压迫斯科尔斯以阻止其运球（针对皮尔洛）；踢出不一样的节奏，利用场地宽度转移球。

· 额外的射门练习，20 分钟。参与的球员有鲁尼、卡里克、瓦伦西亚（Valencia）和纳尼。

AC 米兰 V 曼联（欧冠 16 强），客场大胜

2009/ 2010 欧冠 16 强第一回合 (2010 年 2 月 16 日)

AC 米兰	2 ：3	曼联
罗纳尔迪尼奥 3' 西多夫 85'	半场（1 ：1） 现场观众人数：80 000	斯科尔斯 36' 鲁尼 66' 鲁尼 74'

曼联的常规训练课程模式

1. 自行车训练 + 预防伤病训练 。

2. 8v2 区域训练（一脚触球和抢圈练习）。

3. 热身活动
   - 速度和灵敏性练习（绳梯、标志杆练习等）；
   - 结合球的技术热身（接球、转身、传球等）；
   - 传球套路（1 脚触球或 2 脚触球的配合）。

4. 控球比赛或小场地比赛
   - 球员 1 ～ 2 脚触球；
   - 4v4（+2）、5v5、7v7（+3）、8v8（+1）、9v9（+2）的控球比赛；
   - 多形式的小场地比赛和更大规模的以多打少的控球比赛。

5. 设定条件的比赛和战术练习
   - 设定条件比赛或战术准备练习；

- 波动练习或比赛；
- 战术阶段的比赛；
- 进攻配合；
- 射门练习。

---

6. 大场地比赛

- 节奏；
- 转移；
- 带球向前；
- 1 脚触球或 2 脚触球配合；
- 战术对抗。

训练前的准备：当球员进入球场时，一切都要准备就绪，如标志锥、标志杆、小球门、人体模型等；所有训练内容都准备就绪（训练中不需要中断和设置时间）。

曼联的训练课程示例1：组织进攻

1. 自行车训练 + 预防伤病训练　　15 分钟

2. 8v2 区域训练（1 脚触球）　　10 分钟

训练方法

· 10 名球员为一组在 8 码 ×8 码的区域训练。

· 每组的 8 名外围球员的目标是控制球权，并尽量一脚触球，不允许回传给同一球员。2 名区域内的球员（蓝队）合作尝试压缩红队球员的传球角度并获得球权。

指导要点

· 球员要了解周围的情况。

· 球员加快脚下移动。

· 控球球员要能突破防线，防守球员要能快速移动。

· 球员能快速选定长传或短传的时机。

· 球员发现正确的传球路线并使用假动作。

3. 热身传球套路 10 分钟

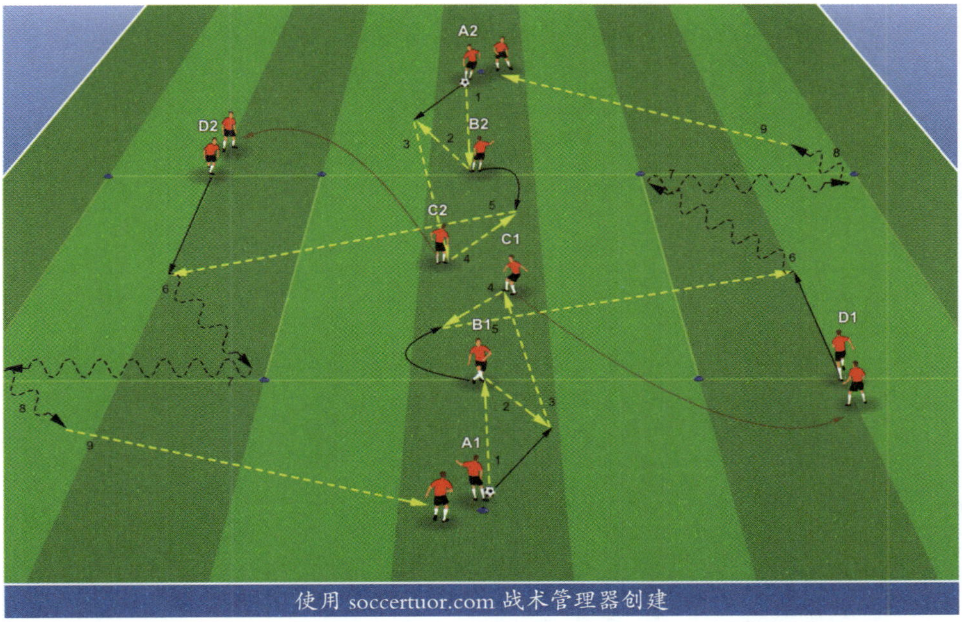

训练目标

习惯在特定的方向、距离传球使用不同的配合模式。

训练方法

这个传球模式是向前、回做、穿插（停球后向前传球）的同时配合转身摆脱防守的动作。

· 训练从相对的两端同时开始，球员 A 传球给球员 B。

· 球员 B 将球回做给跑上来的球员 A。

· 球员 A 向前传球给球员 C，球员 B 做弧形跑动以准备接下一个传球。

· 球员 C 将球传给球员 B。

· 球员 B 将球传给边路向前跑动的球员 D。

· 球员 D 带球向前到左侧标志盘（带球至中场）。

· 球员 D 做扣球转身，把蓝色标志盘当成防守球员，反方向（向右边角的标志盘方向）带球 3~4 码。

· 球员 D 再次转身，并以一定角度向前移动（远离防守球员，即蓝色标志盘）。

· 继续下一个循环练习，球员 D 将球传至开始位置并和等待的球员继续练习。

指导要点

· 传球，快速传切配合，带球变向（左、右、脚外侧、脚内侧）。

· 改变进攻角度。

· 球员 D 接到的第 5 脚传球非常重要，他必须在不减速跑动的同时做出调整以准备接球。

4. 中场球员轮转对抗 3 名前锋的进攻（9v7）　　8 ~ 10 分钟

训练方法

· 在图示的区域内，红队球员 9v7 对抗拥有 3 名前锋的蓝队。在场地的一端有一个大球门，另有 2 个用标志杆代替的球门在左右两端，还有一个小球门在另一端。

· 训练以守门员范德萨传球给中后卫（费迪南德或维迪奇）为开端。中后卫接球后将球传给边后卫埃弗拉（如图所示）。

· 左边后卫埃弗拉将球回传给维迪奇（蓝色箭头），或者将球传给中场球员卡里克。无论谁接球，都要将球传给右中后卫费迪南德（如图所示）。

· 一名中场球员（斯科尔斯）轮转意味着他占据了中后卫和边后卫之间的位置上。在这个示例中，斯科尔斯跑动到费迪南德和右边后卫内维尔之间。

· 斯科尔斯的目标是带球向前或向前传球到正确的空当处（如图所示）。

· 红队在空当处将球打入标志杆球门或小球门。

· 如果蓝队赢得球权，训练重新开始。

指导要点

· 当守门员拿球时，中后卫拉开，边后卫前插与对方边路的边锋平齐。

· 中场球员必须清楚什么时候轮转（当对方边后卫传球给中后卫时）。

· 发现正确向前进攻、渗透和进球的空当。

5. 中场球员轮转对抗 2 名前锋的进攻（10v8） 8 ~ 10 分钟

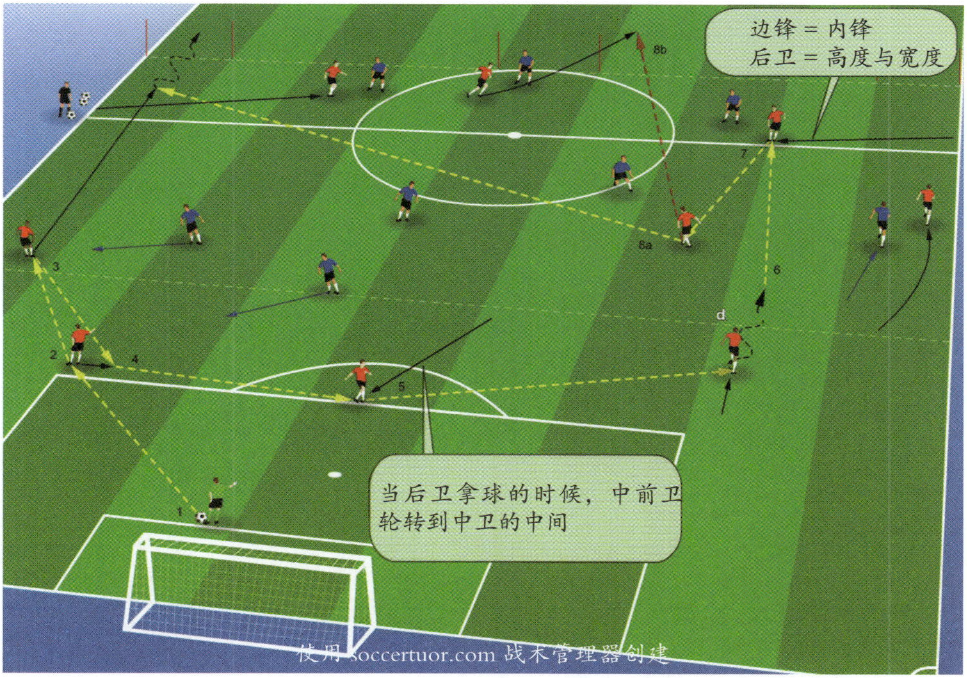

训练目标

进行 10v8 的训练，3 个标志杆球门在如图所示的位置。

训练方法

· 中场球员（卡里克）轮转意味着他处在 2 名中卫的中间。这样做的目的是迫使对方 2 名前锋集中到一边，从而给维迪奇或费迪南德制造将球向前带到中场的空当。也可以是其中一名中卫可以移动到中路，斯科尔斯或卡里克可以移动到中后卫的左路或右路。无论选用哪种方式，3 名后卫都可以成功地组织进攻。

· 在这个示例中，费迪南德带球向前至前场空当，另外一名中场（斯科尔斯）在同一侧策应。

· 边后卫埃弗拉和内维尔推进到很高的位置，边锋吉格斯和罗纳尔多向内收，前锋鲁尼向前插。

· 球员可以转换战术到图中埃弗拉的位置，然后带球通过标志杆球门，也可以传球到防线后面（红色箭头）。

指导要点

· 球员必须清楚通过轮转组成 3 名后卫（以 3v2 组织进攻）的最佳方法。

· 3 名后卫之间快速传球，把对方前锋集中到一边。

· 中后卫或中场球员得球后须立刻把球向前带。

· 为边锋创造内收、边后卫创造前插的机会（创造机会和角度）。

6a. 中场球员轮转对抗 3 名前锋的进攻（11v11） 12 分钟

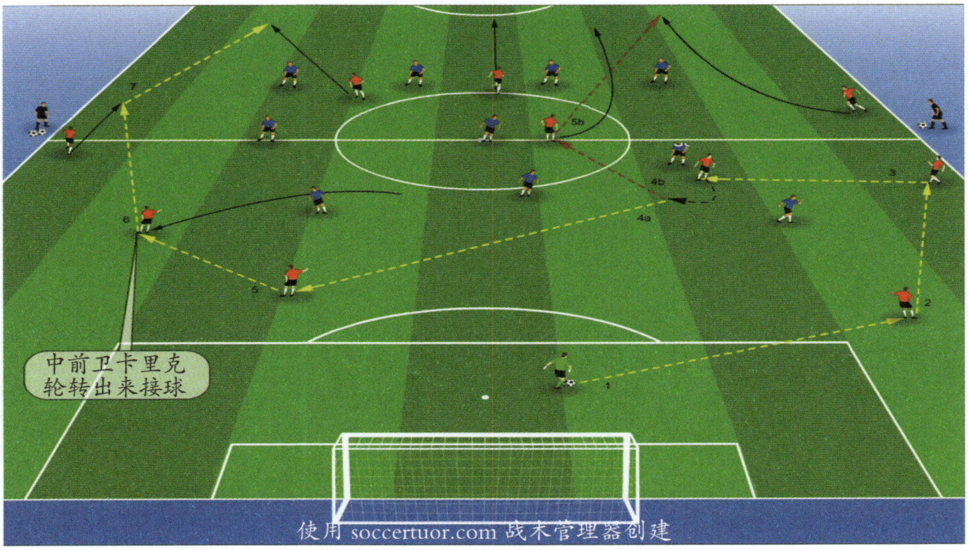

训练方法

· 使用整个足球场地进行 11v11 的比赛。上图显示了红队与有 3 名前锋的蓝队（阵型为 4-3-3）的比赛。

·红队由守门员范德萨开始组织进攻，蓝队以 4-3-3 的阵型防守。10 分钟后，两队交换角色。

· 边后卫埃弗拉和内维尔前插。左边锋吉格斯向内前插。

· 右后卫内维尔接球，边锋罗纳尔多前插跑动。

中场球员斯科尔斯有 3 个选择：

① 回传给费迪南德。

② 转身传球给维迪奇，维迪奇再传球给卡里克。卡里克轮转接球并传给埃弗拉，埃弗拉将球传给吉格斯。

③ 转身面向前锋鲁尼并将球传给他，鲁尼再将球传给身后插上的罗纳尔多（红色箭头）。

指导要点

· 球员要快速拉开。

· 球员要了解自己与守门员、队友及对方的位置关系。

· 中场球员必须判断场上形势后再轮转。

6b. 中场球员轮转对抗 2 名前锋的进攻（11v11）　　12 分钟

训练方法

· 该图例演示了红队对抗 2 名前锋的进攻。

· 红队的进攻从守门员范德萨开始，蓝队以 4-4-2 阵型防守。10 分钟后，2 支球队交换角色。

· 中场球员（卡里克）轮转意味着他在 2 名中后卫中间成为第 3 名后卫。这使得费迪南德成为替补，他能够接球并将球带到前方的空当区域。

费迪南德的第 1 个选择是斜传球给吉格斯。如果左后卫埃弗拉向前突破吉格斯，吉格斯前插后在边线接球。吉格斯可以传球给贝尔巴托夫射门进球，也可以传给埃弗拉（蓝色箭头）。

费迪南德的第 2 个选择是将球传给鲁尼，鲁尼则可以选择传球给罗纳尔多（蓝色箭头），也可以选择传球给右后卫内维尔（红色箭头）。

指导要点

· 轮转可以使额外的球员加入以组织进攻（卡里克的轮转创造了一个 3 后

卫，费迪南德被轮转到更宽阔的位置）。

· 向前进攻时选准时机渗透并得分。

6c. 接来自守门员的长传球后组织第 2 次进攻（11v11） 12 分钟

训练方法

· 该训练是 6a 和 6b 的变换形式，守门员范德萨率先以长传球来推动所有球员前移。

· 红队挑战发动第一阶段的进攻，或试图阻止第 2 阶段的进攻。

①立即进攻，在图中，前锋贝尔巴托夫做球给前插的罗纳尔多（红色箭头）。

②保持控球，并组织第 2 阶段的进攻。

· 接长传球并控制球权后，中后卫和边后卫会迅速拉开，创造空当和时机。

· 在图中，边后卫内维尔和埃弗拉、中后卫费迪南德和维迪奇的动作用红线表示。

· 中场球员寻找相同的轮转，然后组织进攻，具体进攻形式取决于前锋是 2 名还是 3 名（参见 6a 和 6b 的训练）。

指导要点

· 教练在开始训练之前向球员解释想让他们做什么（具体动作）。

· 守门员要变化踢球方式，如长传球、手抛球。

曼联的训练课程示例 2：控球

1. 自行车训练 + 预防伤病训练 5 分钟
2. 8v2 区域训练 10 分钟
3. 4v4（+2）的控球训练 8 分钟

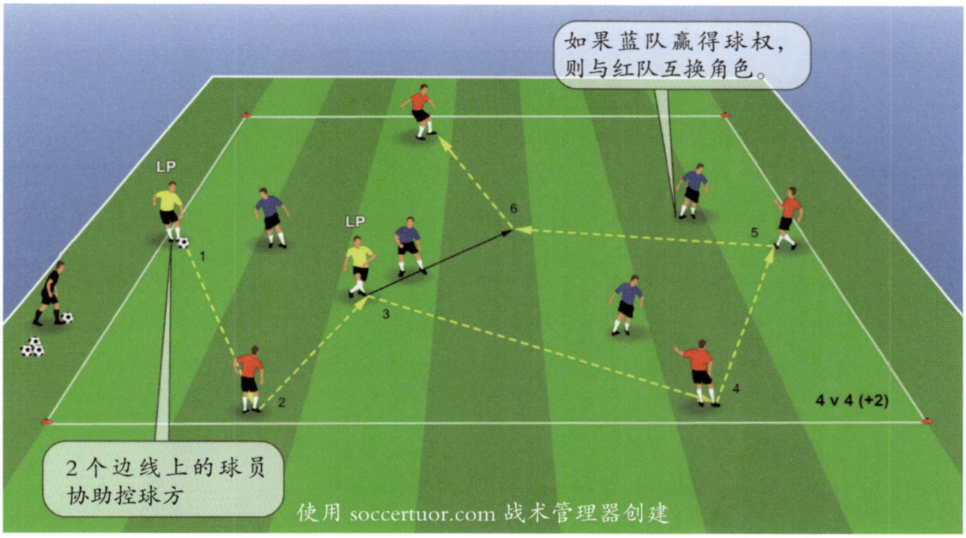

训练方法

·在 20 码 ×20 码的区域，红队和蓝队各 4 名球员，2 名黄色串联球员与控球方为一队共同训练。

·4 名红队球员站在靠近边线的位置，4 名蓝队球员都在区域内。1 名串联球员在边线上，另一名串联球员在区域内。

·红队在 2 名黄色串联球员（中间人）的帮助下获得控球权。

·蓝队球员一起移动（压迫），以缩小红队传球的角度，并试图赢得球权。如果蓝队成功赢得球权，则红、蓝两队交换角色。

进阶变化

在另一个区域创建第 2 个 20 码 ×20 码的区域并加入 1 名串联球员，目标是完成一定数量的传球，然后转换到另一个区域。

4. 有球门的控球比赛 10 分钟

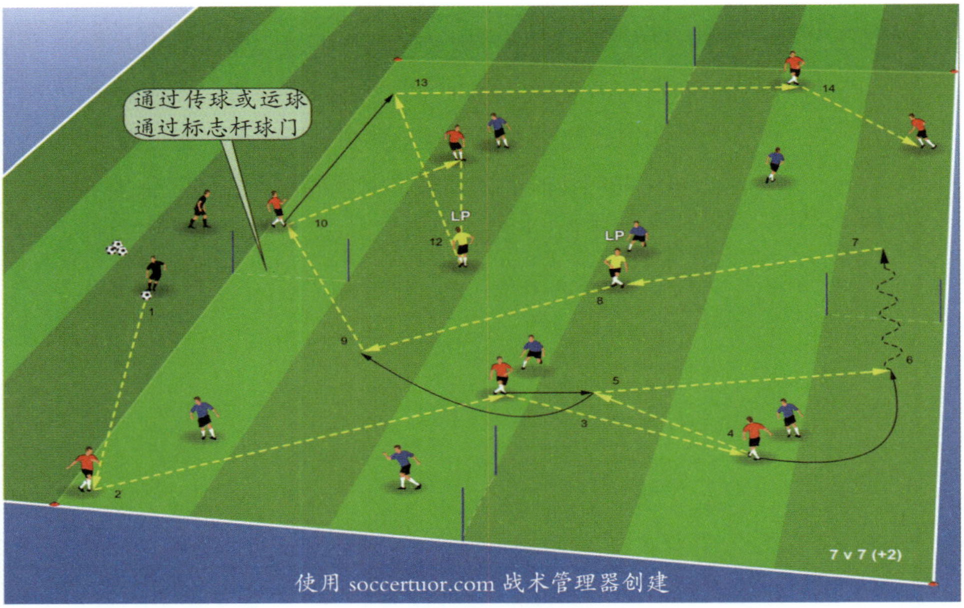

训练目标

通过良好的控球、站位和跑动识别上抢、抢位或渗透对手的时机。

训练方法

· 在 38 码 ×48 码的区域内设置 4 个标志杆球门（如图所示），进行 7v7（+2）的控球比赛。球员只能有 1~2 次触球。

· 训练从教练的传球开始，控球球队（红队）的目标是传球通过标志杆球门或运球过杆后接球。

· 控球球队达成目标需要球员能正确识别防守球员的移动和选择良好的传球方式。

· 红队球员需要寻找空间，适时选择长传或短传。

· 红队球员还应该考虑与队友进行短传，因为这样可以有效地创造并利用空当。

· 利用串联球员来制造以多打少的机会并尝试攻破球门。

· 在接到通过标志桶的传球后，球员应在第 1 次触球后进入空当。

指导要点

· 寻找空当并进行转移。

· 拉开空当时攻破球门。

5. 含有方向和球门区的 7v7（+3 名守门员）控球比赛　　8 分钟

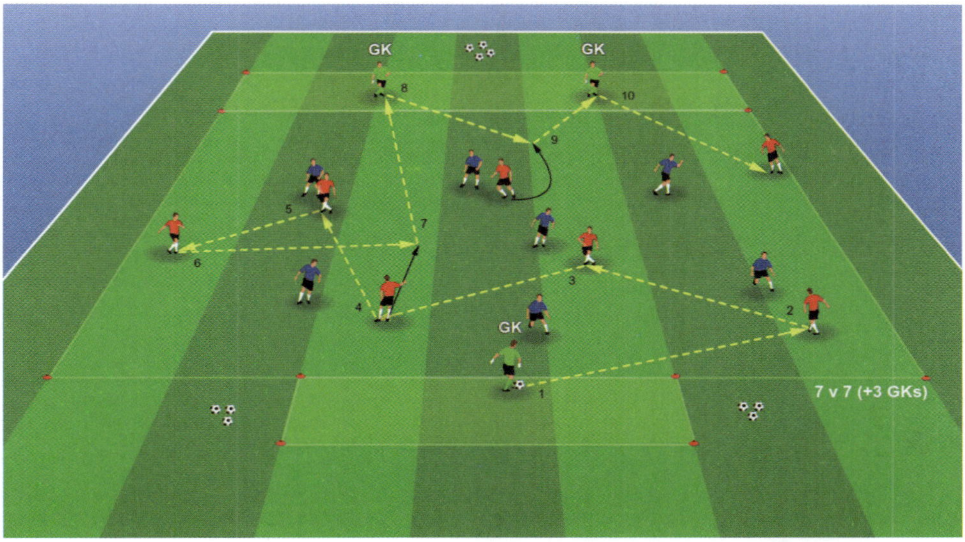

在此之前，我们经常进行的训练（也是 8 分钟）是 7v7、在 35 码区域内有 1 ~ 2 触球。图中的训练是 7v7（+3 名守门员）、在 30 码 × 35 码的区域内有 1 ~ 2 次触球。训练中可以让 2 ~ 4 名守门员上场。如果有需要，可以让后卫或教练替换任意一名守门员。

训练目标

训练从守门员开始，通过不断移动和调整角度来组织进攻，并准确把握向前推进的时机。

训练方法

· 训练从守门员开始，两队的目标是保持控球。

· 球员必须通过正确的移动和角度来创造宽度和深度，将球从一端移动到另一端。

· 控球球队（红队）必须把握时机。

· 防守球队（蓝队）必须保持紧凑，把握压迫、拦截和赢得球权的时机。

· 球队赢得控球权后，球员们必须在守门员的帮助下保持良好的控球质量。

指导要点

· 失去球权就缩小空当 。

· 赢得球权就拉开空当。

· 防守球员必须阻断守门员传球的路线（站一条线）。

· 进攻球员切忌移动至可能会被阻挡传球路线的位置。

6. 专项控球比赛（7v7、8v8、9v9、10v10+ 守门员）　　14 分钟

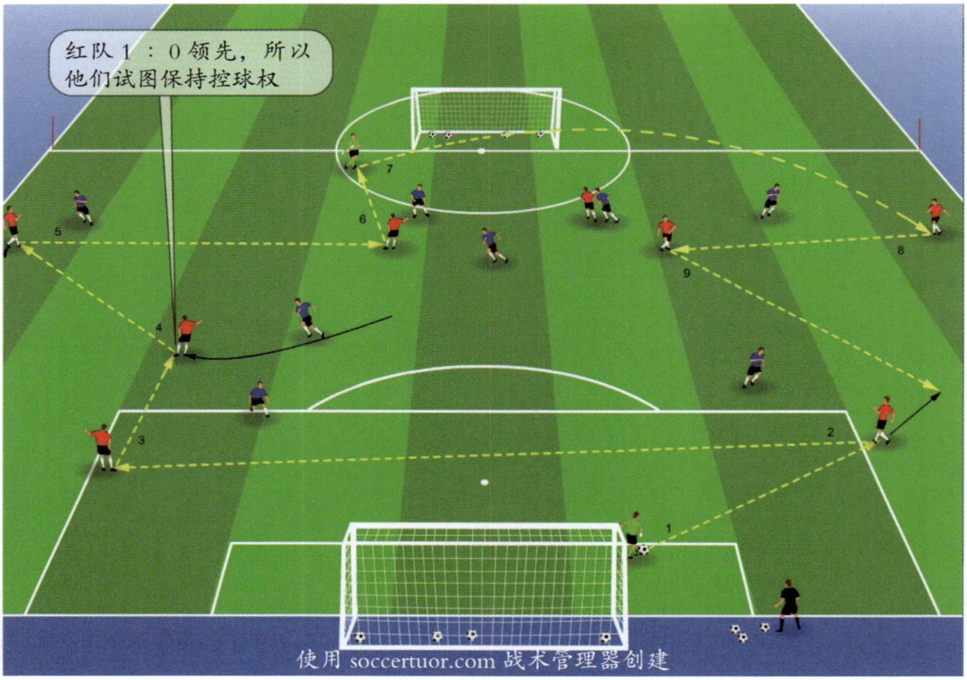

训练方法

· 在半场区域内按照正常的比赛规则进行比赛，可以有手抛球，但没有越位或角球规则。图例为 8v8（+2 名守门员）比赛。

· 根据训练主题，在比赛的最后，球员们的目标是使用各种各样的配合来确保良好的控球质量。

· 在训练的第一阶段，两队都试图先攻入 1 球。

· 想先得分的球队（图中的红队）必须保持控球权，他们可以利用 2 名守门员来做到这一点（如图所示）。

· 另一方（蓝队）试图进球扳平比分（1 ： 1）。如果蓝队成功扳平比分，则两队都要重新争取比分的领先。

· 可以为进球设置难度，即从底线回传球接倒三角传球，进球将得 2 分。

· 依据对手的优缺点调整得分规则，如从禁区外射门或从底线传中计 2 分等。

曼联的训练课程示例 3：转移

1. 自行车训练 + 预防伤病训练	15 分钟
2. 8v2 区域训练	10 分钟
3a. 转移的训练热身（接球 + 传球）	6 ~ 8 分钟

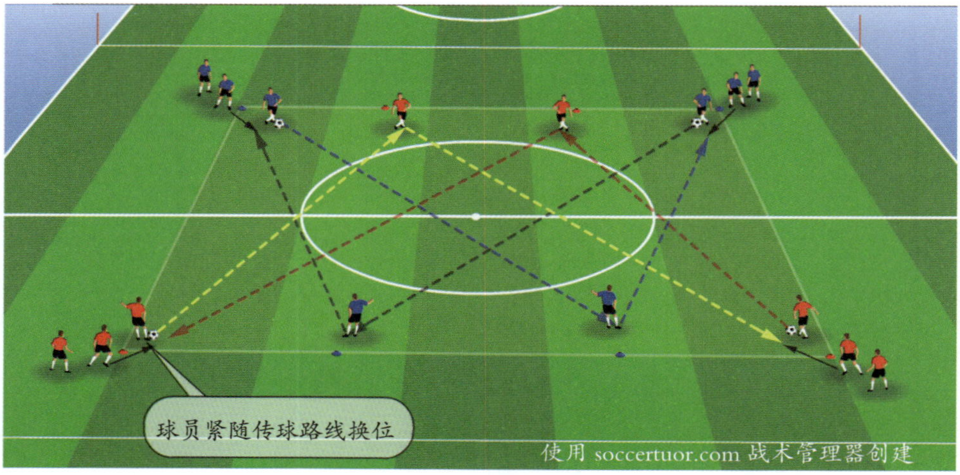

训练目标

以 4 种不同的方式将球从一边转移到另一边。

训练方法

· 12 ~ 16 名球员在球场中心区域进行热身。

· 球员在图中所示的位置，从区域的 4 个角同时开出 4 个球，目标是将球从区域的一边转移到另一边。

· 红队球员以短传球开始，以长传球结束（如图所示）；反之亦然。

· 所有球员在这个持续的热身过程中都紧跟自己传的球。

指导要点

· 传低平球来转移球。

· 球员在传球的时候注意观察自己的手臂和身体位置，充分打开身体。

3b. 转移的训练热身（运球 + 传球） 6 ~ 8 分钟

训练方法

· 在训练的第 2 个变化中增加了在传球前运球到中线的要求。

· 如图所示，位于 4 个角的球员按照一个方向运球到中线，然后将球传给斜对面的队友。

· 接球的球员也运球到中线，然后将球传给对面的队友，如此来完成 1 次热身跑位。

· 红队球员以短传球开始，蓝队球员以长传球开始。

· 在一个热身训练循环中，所有球员紧随传球路线进行换位。

指导要点

· 球员带球跑动时，要确保球在自己的控制范围内。

· 球员接球后要控制好传球的力度，以实现运球和传球之间的快速衔接。

3c. 转移的训练热身（短传配合）　　6 ~ 8 分钟

跑位不变，并且从 4 个角同时开始运球，图中只显示了 1 个例子，以确保跑位线路清晰明了。

训练方法

· 在训练的第 3 个变化中增加了一些短传球配合作为跑位转换的一部分。

· 4 个角的球员开始朝着中线运球。

· 运球到中线后进行二打一配合并将球传到队友的跑动路线上。

· 红队球员以短传球开始，蓝队球员以长传球开始。

· 如图所示，接回传球的球员运球到中线后进行最后一次传球，完成一次跑位练习。

· 在一次热身练习循环中，所有球员跟随传球路线进行换位。

指导要点

· 短传需要把控力度，以使接球者可以较容易在第一时间完成后续传球。

· 精准传球，确保根据来球选择合适的脚向前传球。

3d. 转移的训练热身（移动 + 转身） 6 ~ 8 分钟

训练方法

· 在训练的最后一个变化中增加了球员的个人技能和移动。

· 位于 4 个角的球员（红队球员和蓝队球员）都从运球开始，并进行一些运球转身的练习，如克鲁伊夫转身。

· 4 名球员运球向前并将球传给最近的队友。

· 第 2 名球员接到球后转身并移动（首先移动到一侧，然后快速移动到相反的方向）。

· 完成变向跑位的第 2 名球员完成转移的最后一传。

· 在一个热身训练循环中，所有球员跟随传球路线进行换位。

指导要点

· 移动和转身需要在小范围区域内完成，并且球始终在球员的控制范围内。

· 传球（转移）的训练非常重要，因为它在比赛中会经常用到。

4a. 8v8 限制触球次数的转移比赛　　8 ~ 10 分钟

训练目标

球从场地一侧到另一侧的大范围转移。

训练方法

· 在中间区域（A~D）进行 8v8 转移比赛，另有 4 名黄色中立球员，每名中立球员都有自己负责的外部区域（区域 1~4）。

· 球员在球场中心和中线附近时只能触球 1 次，在其他区域可以触球 1~2 次。

· 训练从教练的传球开始，控球球队（红队）的目标是将球从球场的一侧转移到对角侧。

· 如果从区域 A 开始，则最后必须将球转移到区域 4（如图所示）。同理，从区域 B 开始的转移必须将球转移至区域 2，依此类推。

· 如果中立球员在所在区域内接到了转移的球，则传球的球队得 1 分。

· 如果转移成功，教练再次传球给同一支球队的一名后卫，图中所示的为红队右后卫（红色箭头）。

· 如果转移不成功，教练会传球给另一支球队，他们的目标也是将球转移到另一侧。

指导要点

· 寻找合适的时机将球转移。

· 在观察场上形势后用斜传球将球转移到另一侧，如图中所示的区域 A 至区域 4。

· 熟练掌握转移技术。

· 边路球员必须仔细观察边线位置，创造接球宽度并做好接球准备。

4b. 9v9（+2）限制触球次数的转移比赛　　8 ~ 10 分钟

训练方法

· 本次训练为 9v9（+2）的转移比赛，另有 2 名黄色中立球员站在范围更大（2 倍）的两侧区域。

· 球员在中圈和中线附近时只能触球 1 次，在其他区域可以触球 1~2 次。

· 球的转移要求与训练 4a 相同。在该示例中，球的转移目标为从区域 B 转移至区域 2、从区域 A 转移至区域 4、从区域 C 转移至区域 3、从区域 D 转移至区域 1。

· 规则变化：两侧的黄色中立球员既可以参与组织进攻也可以接转移球。

指导要点

·黄色边路球员（边锋或者边后卫）必须具备良好的决策能力，准确判断向前移动及转移球的时机。

5. 9v9（+2）有守门员且需要完成射门的转移比赛　　8 ~ 10 分钟

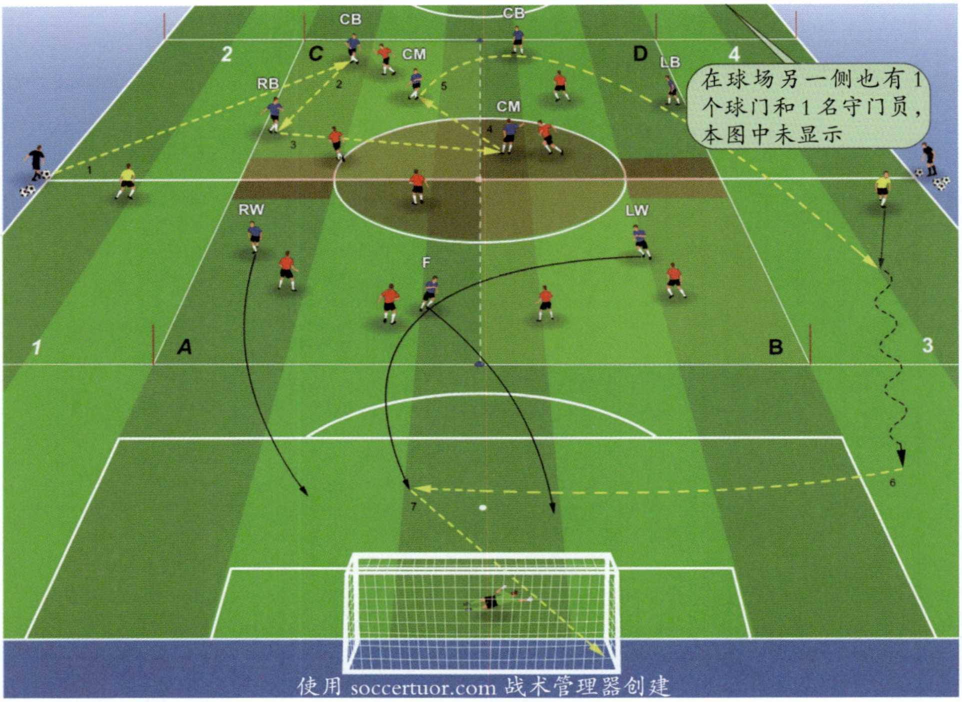

训练方法

·该训练过程和前面的转移训练类似，增加了 2 名守门员，并且需要完成射门。

·在边路区域接球时（如图所示的从区域 C 转移到区域 3），黄色边路球员沿边线运球并将球传入禁区。

·控球球队（蓝队）有部分球员（3 名）进入禁区进攻，并尝试将传中球打进。

指导要点

·判断合适的转移时机。

·转移球时要把控速度和精准度。

· 边路球员必须把握转移球的时机并准备好接球。

· 边路球员第一脚触球时要将球向前接，然后快速向前带球。

· 球员在进攻三区有良好的决策和高质量的最后一脚传球。

· 前锋必须对转移球做出反应并在禁区内适时配合,在射门时则须保持冷静。

6. 9v9（+2）专项转移比赛　　8 ~ 10 分钟

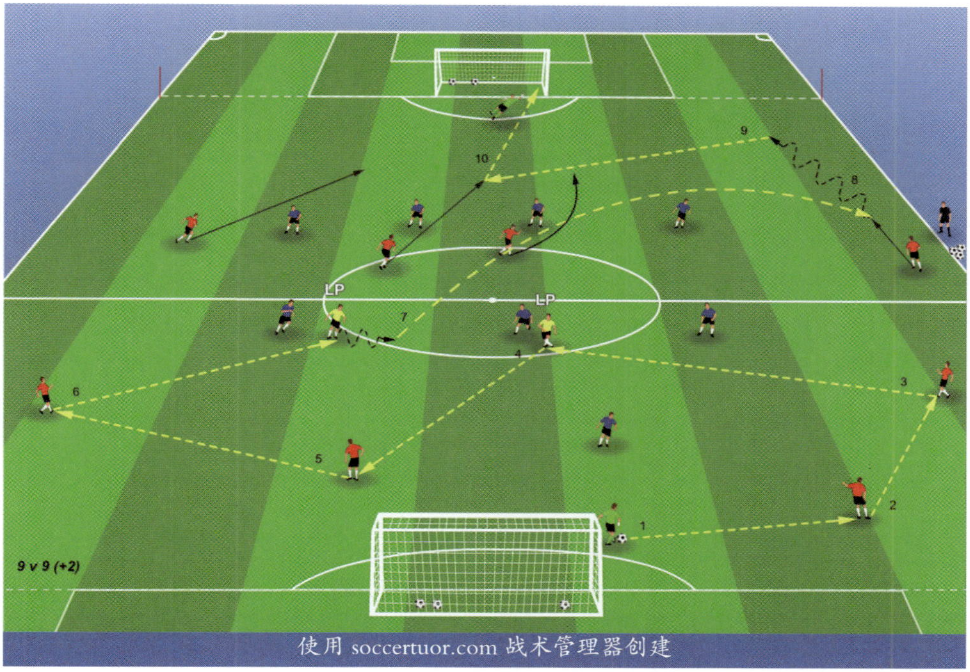

训练目标

球员练习在比赛环境中将球转移到另一侧。

训练方法

· 比赛形式为 9v9 +2 名串联球员，球员在将球从一侧禁区踢到另一侧禁区的过程中练习转移球、传中球、把握奔跑时机及完成进球。

· 2 支球队打正常的比赛，重点是在比赛中练习本次训练课程的关键技巧——转移。

· 如果成功转移且将球打进球门，进球方将得 2 分。

· 如果一支球队能够利用团队配合将球从一侧打到另外一侧，并将球再次转移到另一侧完成进球，则进球方得 3 分。

指导要点

- 确保创造了良好的宽度和深度。
- 提前思考、提前观察、提前行动。
- 提高球员对比赛的敏感性和理解力。
- 利用中场串联球员将球转移。
- 将球转移到另一侧。
- 沿边线向前带球并完成射门。

曼联的训练课程示例 4：打穿防线

1. 自行车训练 + 预防伤病训练 15 分钟
2. 8v2 区域训练 10 分钟
3a. 打穿防线的传球热身训练 4 分钟

在球场另一侧也有 1 个球门和 1 名守门员，本图中未显示。两侧同时开始训练。

训练方法

- 球员 A/E 将球传给球员 B/F，接球者摆脱人体模型。
- 球员 B/F 接球后将球传到球员 A/E 的跑动路线上。
- 球员 A/E 接球后将球传给球员 C/G，接球者摆脱人体模型。
- 球员 C/G 将球传到球员 B/F 的跑动路线上。
- 球员 B/F 完成第 5 脚传球后继续顺时针进行训练。
- 所有球员移动到下一个位置。

· 第 2 轮训练呈逆时针旋转。

指导要点

· 创造合适的宽度和深度。

· 提前思考、提前观察、提前行动。

3b. 渗透热身训练（斜传和横传的变化）

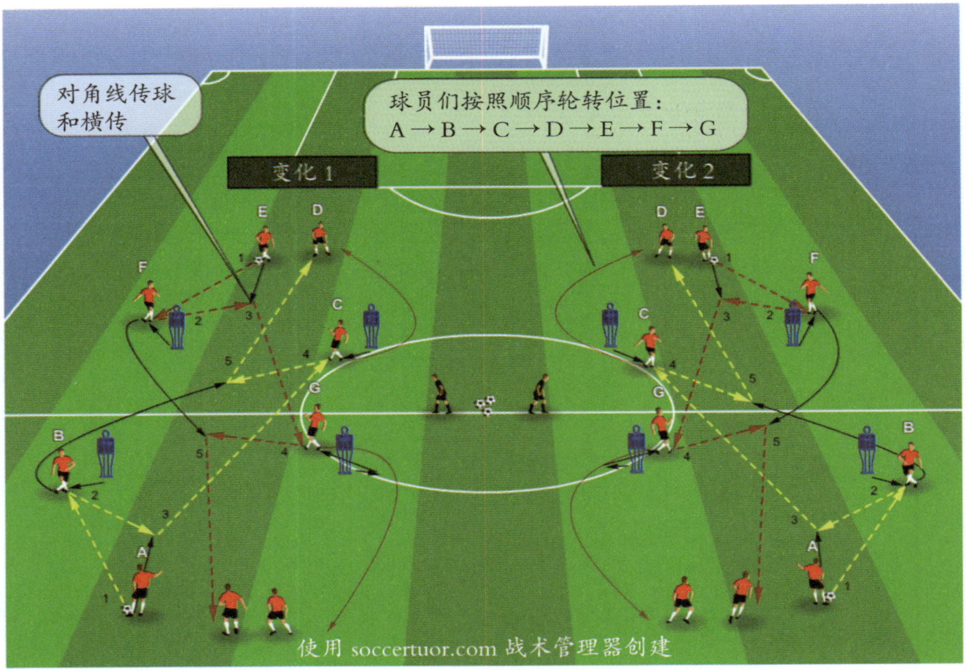

该训练建立在传球训练的基础上，整个传球过程除了第 3 脚传球外，其他都不变，第 3 脚球的变化为将球踢到相反的一侧（对角线）。两侧同时开球。

训练方法

· 球员 A/E 将球传给球员 B/F，接球者摆脱人体模型。

· 球员 B/F 将球传到球员 A/E 的跑动路线上。

· 球员 A/E 将球传给球员 C/G（对角线传球），球员 C/G 晃过人体模型。

· 球员 C/G 将球传到球员 B/F 的跑动路线上（确保不要击中另一个球）。

· 球员 B/F 完成第 5 脚传球后回到起始位置。

· 练习顺序还是沿顺时针方向。所有球员按照顺序（A → B → C → D → E → F → G）轮转到下一个位置。

· 第 2 轮训练呈逆时针旋转。

指导要点

· 球员必须用好基本的技术（在较小空间内短传）并制造节奏。

· 始终保持比赛的状态：以一定的角度（侧身位置）摆脱人体模型（防守球员），迫使防守方做出决定是跟随还是不跟随。

· 第 3 次传球（直传球）应为大力传球。

· 集中精力，始终保持准确性。

· 注意中间对角线传球并确保转移的顺畅，适时调整。

· 有空当就传球。

3c. 自由决策下的渗透热身训练（创意比赛） 4 分钟

该训练为传球训练和渗透训练的变化形式。位置和轮转保持不变，但是球员可以自由决策。训练中只开 1 个球。

训练方法

· 在左侧，球员 B 接球后摆脱防守球员并向前运球，而不是将球回传给球员 A。

· 在右侧，混合了短传、长传、直传和斜传的练习。

· 所有球员在传球结束后移动到合适的位置（意识是关键）。

指导要点

· 球员在没有固定跑动位置及需要做出正确选择时，要表现出良好的视野和意识。

· 确保中间的 4 个位置始终有人。

· 球员须发挥创造力并承担责任。

· 根据场上形势迅速做决策。

· 结合短传和长传并保证球速。

· 球员可以在第一脚传球时避开最近的球员，以强有力的传球使球穿过中线。

· 球员可以接球后打开身体，向前运球，如图中左侧的球员 B。

4. 包含 3 个区域过中线的 8v4 控球比赛　3 x 4 分钟

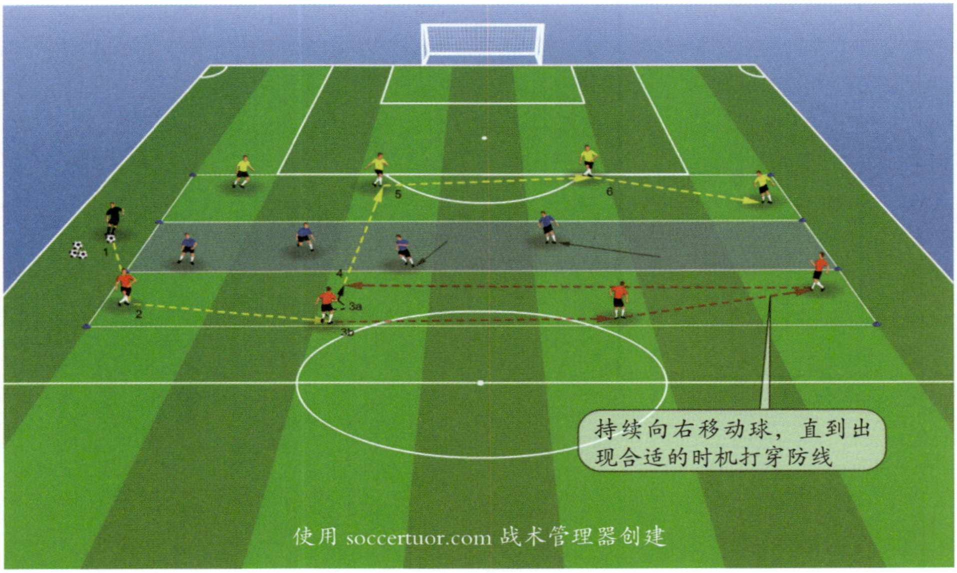

训练目标

识别带球向前打穿中场防线的时机。

训练方法

· 在划定的区域内有 3 组球员，每组有 4 名球员，该区域又被分为 3 个相等的区域。球员必须始终在各自的区域内活动。

· 训练从教练传球给红队球员开始。

· 中间区域的 4 名蓝队球员必须一起移动，并阻止红队打穿他们的区域将球传给身后的黄队球员。

· 控球的 4 名球员必须将球快速移动并寻找合适的时机传球，让球穿过蓝队的 4 名球员到达黄队的区域。

· 在蓝队球员 4 次成功将球拦截或固定的时间后，更换中间区域的球员。

指导要点

· 控球球员适时调整节奏。

· 果断使球从防守球员的空当穿过。

· 4 名黄队球员保持移动以在空当处接球。

· 蓝队球员必须齐心协力。

· 防守队球员做到不留空当、精准配合。

5. 打防守线之间前锋的 9v9（+守门员）区域比赛 8 分钟

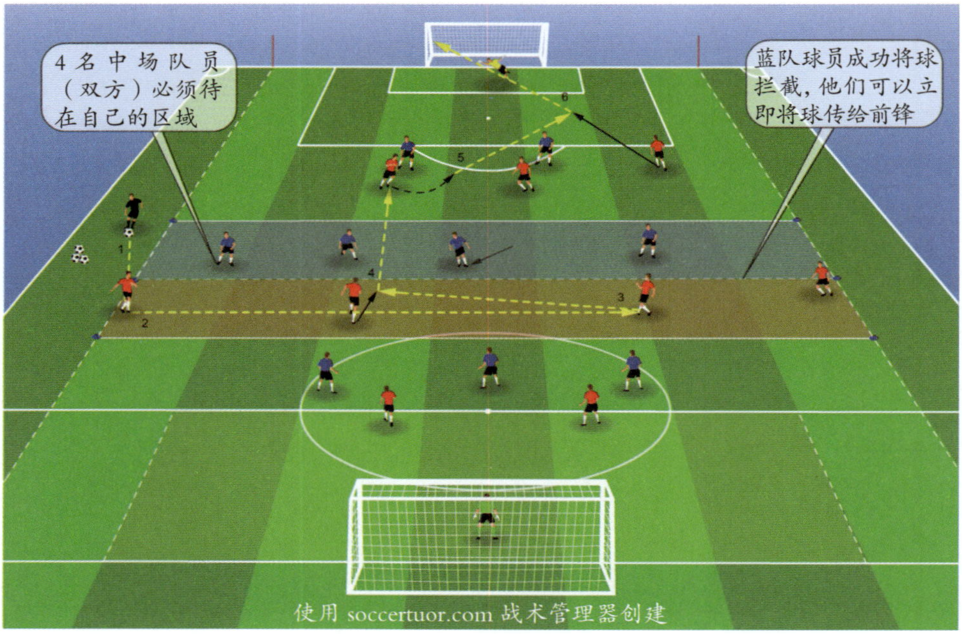

训练目标

寻找合适的时机向前穿过中线并破门得分。

训练方法

· 在图中所示区域进行 9v9（+守门员）的比赛，每支球队各有 4 名球员，分别在中场的红、蓝区域内活动，且这些球员必须始终留在指定区域内。

· 训练从教练向一名中场球员传球开始，控球方（红队）必须尝试撕破蓝队的防线，将球传到前锋脚下，前锋接球后则尝试利用 3v2 的优势射门得分。

· 如果中场的 4 名蓝队球员成功将球拦截，他们可以立即将球传给前锋（或者控球）。

· 训练始终从教练传球开始。

指导要点

· 控球球员需要适时调整节奏。

· 果断使球从空当中穿过。

· 快速、巧妙、冷静地完成射门。

· 在 4 名中场球员身后的 3 名前锋要保持移动以在空当处接球。

· 防守队球员必须齐心协力、不留空当、相互配合。

进阶变化

· 训练从守门员开始，中后卫拉开空当接球并组织进攻。

· 中后卫尝试将球传给前锋，前锋将球回敲给中场球员以打破第 1 条防线。

6. 防守线之间的前锋和插上的后卫协作跑动的 11 v11 比赛

8 ~ 10 分钟

训练目标

中场球员解放从半路插到对方半场深处的边后卫。

训练方法

红队和蓝队在图中所示区域进行 11v11 的比赛，中场球员须在中间标出的区域内活动。

· 红队使用 4-4-3 阵型，蓝队使用 4-4-2 阵型。

· 比赛以教练传球给中场球员开始，替代方案参见进阶变化。

· 红队的目标是打穿蓝队的中场防守线，将球传给其中一名前锋。

· 在对方后场，前锋可以利用边后卫的跑动形成人数优势（5v2），从而取得进球。

· 如果蓝队中场球员成功将球拦截，他们可以快速将球向前传给前锋形成快速突破，或者传球给边后卫。

指导要点

· 边后卫须准确判断向前跑动的时机。

· 边后卫需要提供高质量的传中球。

· 前锋需要准确调整位置（前门柱、中点、后门柱），把控进入禁区的时机。

· 简单、干脆、准确的传球和绝佳的临场发挥。

进阶变化

训练从守门员开始，中后卫拉开空当接球并将球传给中场球员。教练可以指示及鼓励中场球员向前传球或者从中场轮转出去，从而帮助队友组织进攻（确保队友可以识别这些信息）。

曼联的训练课程示例 5：高压进攻

1. 自行车训练 + 预防伤病训练　　15 分钟

2. 8v2 区域训练（1 脚传抢）　　10 分钟

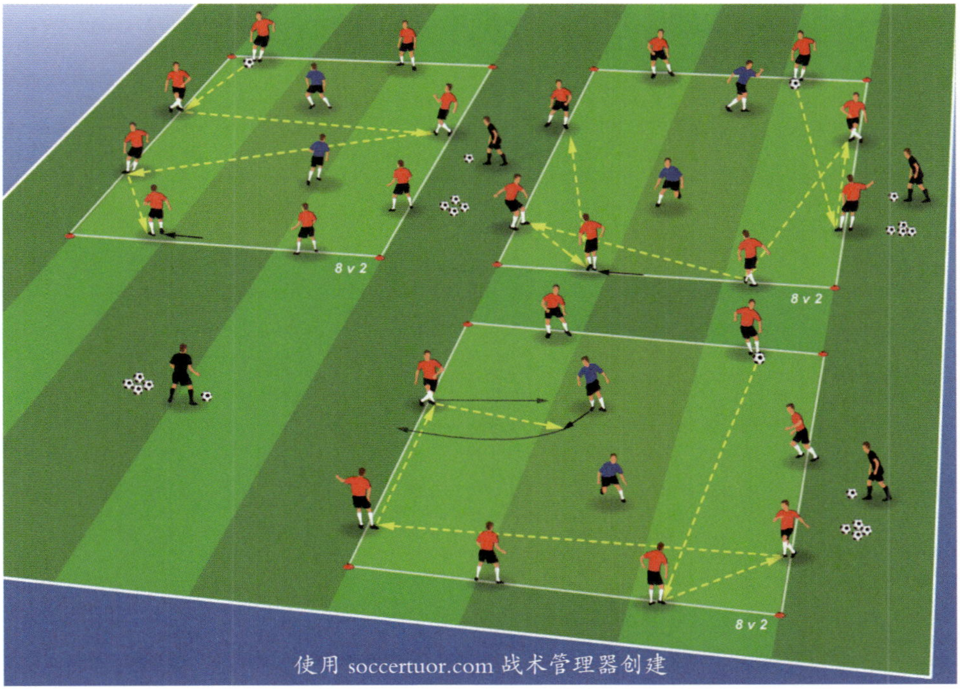

训练方法

· 球员每 10 人为一组，在 8 码 ×8 码的区域训练。

· 每个区域外围的 8 名球员（红色）的目标是保持控球权，并尝试使用一脚触球。不允许将球回敲给同一名球员。

· 2 名区域内球员（蓝色）共同抢球，尝试缩小外围球员的传球角度并将球抢断。

指导要点

· 时刻注意周围的环境。

· 脚步移动要快。

· 球员要快速思考自己是否能突破防线，是否能快速过掉对方。

· 快速决定是长传还是短传。

·摸索正确的传球方式，并试着使用假动作。

3. 4v4（+3）在3个区域内从一端到另一端的控球训练（热身）

3×4分钟

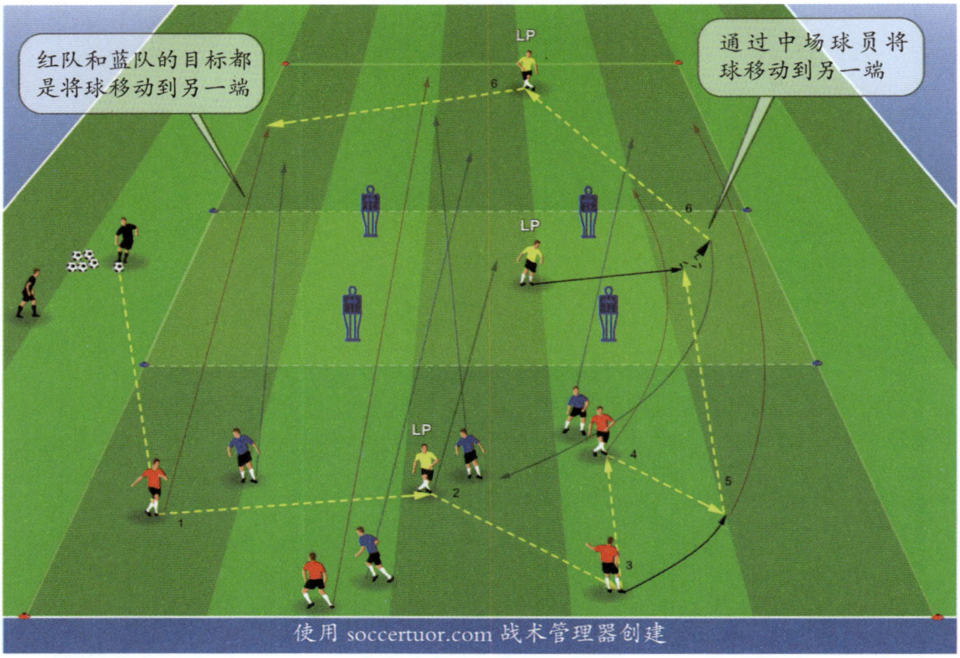

场地两端的区域是20码 ×15码，中间区域是20码 ×10码，总面积为20码 ×50码。

训练方法

·训练从教练的传球开始，在近端的训练模式为4v4（+1）。每个区域有1名黄色串联球员，同时有4个人体模型在中间区域。

·控球球队（红队）的目标是利用自己的人数优势持续控球（5v4），将球传给中间区域的串联球员，同时确保传球避开人体模型。

·中间区域的串联球员必须移动去接球，然后将球传给另一端的串联球员。

·红队成功将球移动到另一端后，红队和蓝队球员都要移动到另一端的区域，然后继续相同的练习，即红队再次试图将球打到另一端。

成功将球传到另一端后，近端和中间区域的串联球员互换位置。防守球队

（蓝队）试图将球拦截下来，如果拦截成功，则蓝队与红队交换位置。

指导要点

· 球员通过传球给空当处的队友来保证控球，同时也要寻找正确的时机向前传球，将球传到中场串联球员的脚下。

· 快速将球转移到另一端，并尝试持续控球。

· 一脚触球和两脚触球相互交替（在狭小的空间内创造传球的节奏）。

4. 在 3 个区域内进行 7v7（+1）的小场地高压进攻比赛

8 ~ 10 分钟

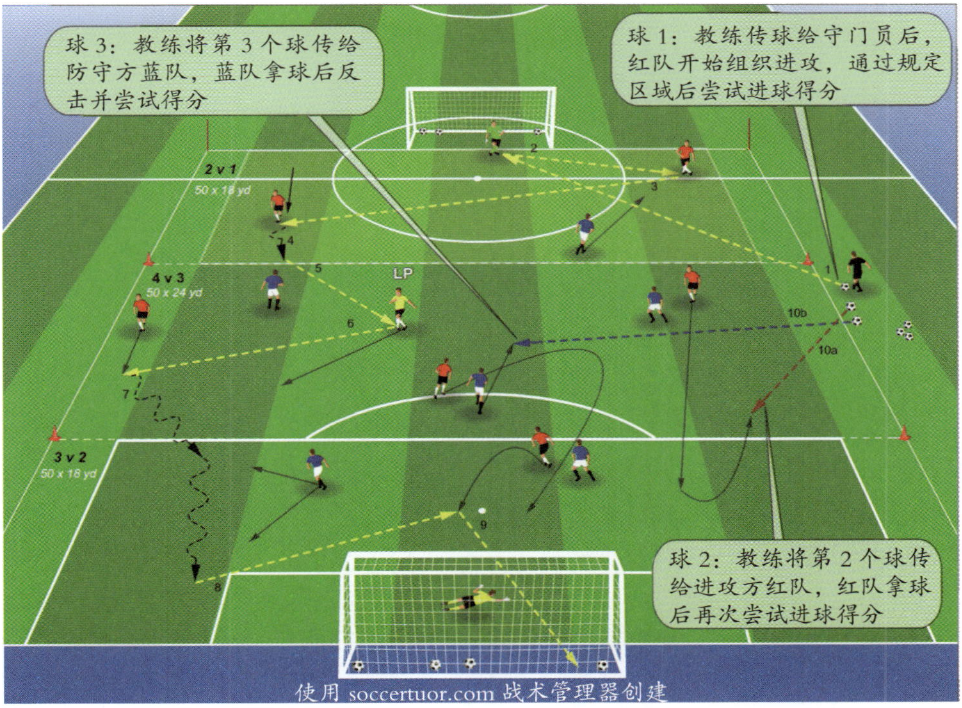

在该训练中，如果蓝队获得球 1 和球 2 的球权，他们（包括串联球员）可以向前迅速反击并尝试进球得分。

训练方法

球 1

· 教练在后场给守门员传球，守门员接球后将球传给后卫，红队有 2v1 的对抗局面。红队的目标是将球传到中场区域，从而与守门员创建 3v1 的对抗局面，或者通过中场串联球员向后撤形成 3v1 的对抗局面。

· 在中场可以形成 4v3 的对抗局面，在此区域控球方的目标是将球过渡到前场。

· 2 名进攻球员进入前场形成 3v2 的对抗局面并尝试进球得分。

球 2

球 1 阶段的训练结束后，教练将球 2 传给中场区域的红队球员，红队拿球后迅速进攻并尝试得分。

球 3

球 2 阶段的训练结束后，教练将球 3 传给蓝队的前锋或中场球员，他们可以发动快速反击并尝试得分。

指导要点

· 球员在后场要尽量拉开形成 3v1 的对抗局面，拿球后则要快速反应并将球传到中场且保证传球质量。

· 控球方在中场利用 4v3 或 5v3 的人数优势创造向前运球的角度。

· 控球方将防守球员带离防守位置以形成高压进攻，同时寻找在空当处的队友。

· 控球方要思考从哪一边开始进攻，防守球员是否会提前压迫，加快节奏还是放慢节奏，是否保持自身的位置。

· 在进攻区域创造 3v2 或 4v2 的对抗局面，并尝试得分。

· 在球 2 阶段的训练要保持进攻势头并快速进球得分。

5. 在 3 个区域内进行 9v9 区域高压进攻比赛 8 ~ 10 分钟

前面的训练增加了球员数量，扩大了可以利用的场地区域，取消了中场串联球员。现在进行 9v9 的比赛。

训练方法

球 1

教练将球传给守门员后，红队开始组织进攻，传球通过各个区域并尝试得分。

球 2

教练将球传给进攻方红队，红队拿球后尝试再次进攻得分。

球 3

教练将球传给防守方蓝队，蓝队发动快速反击并尝试得分。

指导要点

· 专注于进攻与防守之间的转换——防守型中场球员（或中场核心球员）

应该帮助防守方建立防线及发动反击。

· 注意观察对手的位置，判断运球的方向。

· 在后场利用 3v2 的人数优势组织进攻并将球向前推进。

6. 在 3 个区域内进行 11v11 的战术性多阶段高压进攻比赛

8 ~ 10 分钟

训练目标

使用中场球员轮转、边后卫参与进攻带来的人数优势创造高压进攻。

训练方法

在训练 5 的基础上只需将双方人数增加到 11 名，将场地扩大到整个球场范围即可。

球 1

教练将球传给守门员后红队开始组织进攻，传球通过各个区域并尝试进球得分。

球 2

· 教练将球传给进攻方红队，红队拿球后再次尝试进球得分。

· 进攻球队可以在前场区域创造 5v4 的对抗局面，并让边后卫发动边路传中（如图所示）。

球 3

教练将球传给防守方蓝队，蓝队发动快速反击并尝试进球得分。

指导要点

· 中场球员在轮转时寻找接球的空当，并将球向前场推进。

· 中场球员必须对是撤回接球还是向外拉开接球做出准确判断。

· 中场球员在回传球时轮转出去。

· 边锋在边后卫向上压时向内移动形成 3 前锋。

曼联的训练课程示例 6：传中和禁区内移动

1. 自行车训练 + 预防伤病训练　　15 分钟

2. 8v2 区域训练　　10 分钟

3. 传中和禁区内跑动的热身练习　　10 ～ 12 分钟

训练方法

· 12 名球员练习传中、禁区内移动并射门得分。

· 两翼各有 1 名球员给边路队员传球。

· 球员将球传到球门前的不同范围，禁区外不同位置的球员则交替向禁区的左侧或右侧跑动。

· 每个传中球会有 2 名球员包抄，并且包抄的位置也不同。

指导要点

· 传中球要精准，球员要知道传中球的类型并传到禁区中正确的位置。

· 使用正确的技术传出高质量的传中球（正确的身体姿势及用合适的脚触球）。

· 禁区内放慢速度跑动，找准落点后快速完成射门。

· 灵活的应变能力和精准的射门（头球和脚下球）。

· 跳起用头球射门：适时摆脱防守，高高跃起并挺直背部，准确接球并射门。

4. 对抗 2 名后卫的后点传中和禁区内跑动　　8 ~ 10 分钟

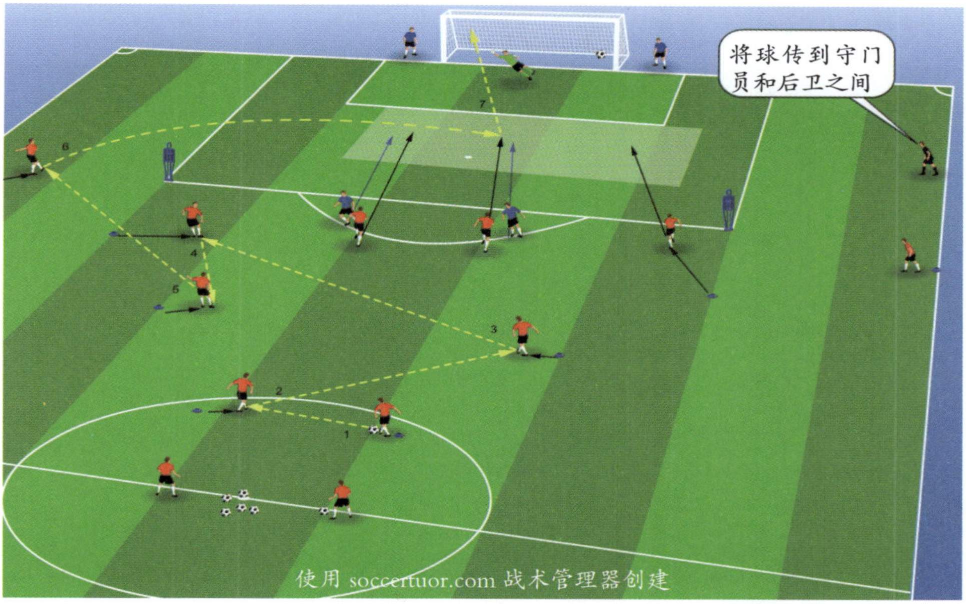

训练目标

在后卫身后将禁区外远端的传中球打进。

训练方法

· 中场球员串联传球，并将球朝边路球员（边锋或边后卫）处转移。

· 边锋或边后卫依据球速将球控制住后或第一脚触球时将球传到禁区内。

· 边路队员以足够力度的低平球将球准确地传到 2 名蓝队中后卫的身后区域。

· 前锋快速突破越过中后卫并尝试将传中球打进。

指导要点

· 中场球员要确保将球转移到边路的传球质量。

· 边路球员必须准确判断是一脚传中还是先将球控制住再传中。

· 使用正确的技术保证传中球的质量，使球沿着弧线落到中后卫的身后区域。

· 前锋要准确判断球传到禁区的时机，并配合适宜的跑动速度。

· 随时进行调整以完成射门，并对各种球（如反弹球）快速做出反应。

5. 在禁区内面对 4 名后卫向后门柱传中或者内切传中

8 ～ 10 分钟

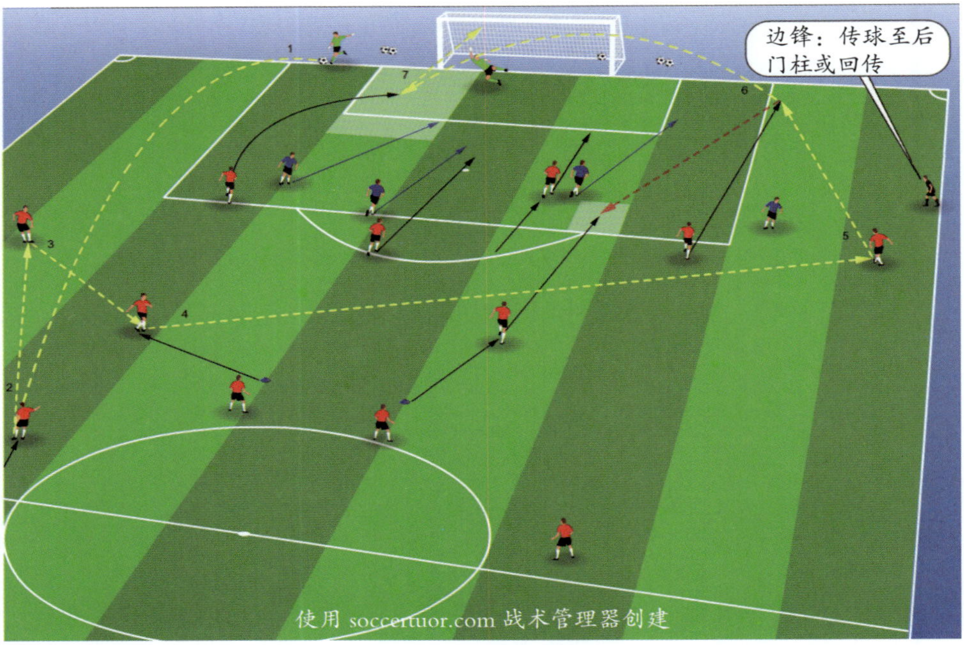

训练目标

中场配合训练，边路积极拉开并由边路向后门柱传中或内切传中。

训练方法

· 进攻方（红队）的守门员踢球或手抛球将球传给中后卫。

· 后卫和中场球员相互配合并将球转移到空旷区域，边路球员在边线附近向前运球。

· 边路球员（边锋或边后卫）在边线附近接球后，对是将球传到后门柱还是将球回传到禁区线附近（红色箭头）做出判断。

· 红队进攻球员越过对方中后卫并尝试将球打进。

指导要点

· 中后卫需要有效地控制球。

· 边路球员要轮转接球。

· 使用熟练的中场快速转移配合的打法模式。

·配合多种打法将球渗透到空旷的区域，后套跑和交叉跑配合使用。

·将球回切越过守门员和防守球员，传给后门柱无人防守的队友。

·倒三角传球时要保持冷静，准确判断下一步战术（射门、传中还是巧妙地传球）。

6. 动态区域比赛中的传中和禁区内跑位 8 ~ 10 分钟

训练方法

·将半场分为 9 个区域进行 9v9 的训练，训练从中间区域的 4v4 开始，在每个罚球区都有 2 名边锋和 2 名防守球员。

·守门员将球抛给 1 名边锋，边锋接球后将球传给禁区内 4 名迎面跑来的队友（3 名红队前锋 +1 名准备补射的中场球员）。

·如果红队得分，则练习从任一球门的守门员重新开始。如果传中球过顶，则对面的边路球员必须准备好接球，并将球再次传回到禁区。如果没有机会得分，红队回到中间区域，中后卫同时向外拉开。

·红队保持控球，利用 1~2 种配合转移球或选准时机简单地将球传给边路球员，边路球员接球后传中。

指导要点

- 边路球员必须要保持冷静，以高质量的传中球将球传入禁区。
- 前锋要适时调整禁区内的跑位。
- 勇敢进攻。
- 防守球员要准确判断传到禁区内的球，根据球的飞行高度用头球解围。
- 组织进攻将球打到边路时，利用边锋和中后卫持续控球（利用人数优势）。

曼联的训练课程示例 7：进攻配合

1. 自行车训练 + 预防伤病训练　　15 分钟

2. 8v2 区域训练（1 脚传抢）　　10 分钟

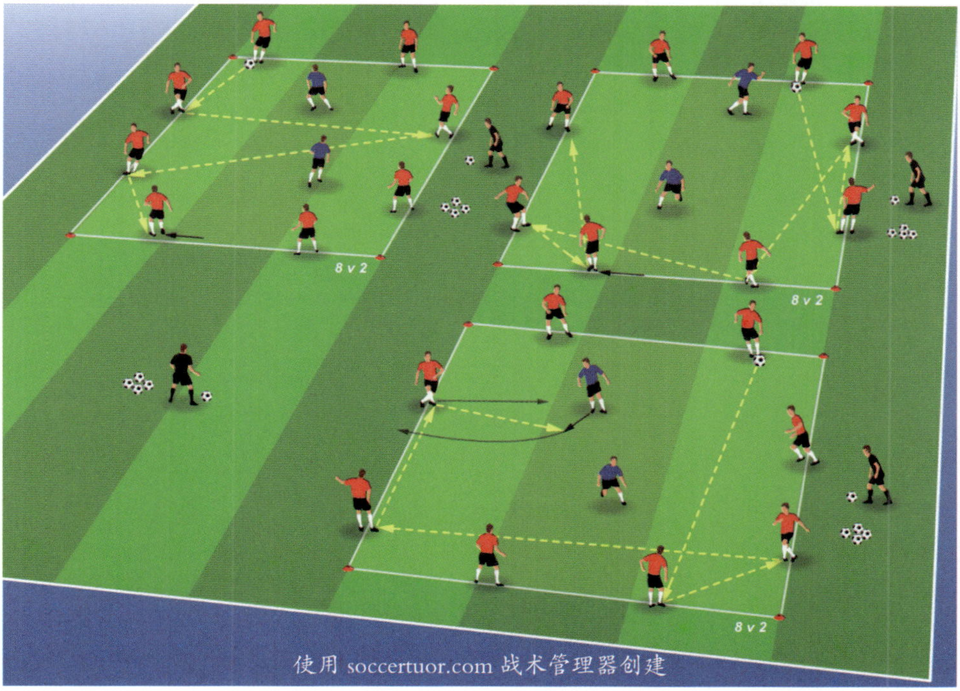

训练方法

· 10 名球员为一组在 8 码 ×8 码区域训练。

· 区域外围的 8 名球员的目标是保持控球权，并使用 1 次触球。不允许将球传给同一个球员。

· 区域内的 2 名球员（蓝队）合作，试图缩小传球的角度并赢得球权。

指导要点

· 注意周围的环境。

· 脚步移动要快。

· 判断自己是否能突破防线，是否能快速过掉对方。

· 快速决策是长传还是短传。

· 正确传球并使用假动作。

3. 在进攻配合中传球、接应并转身完成射门　　12 分钟

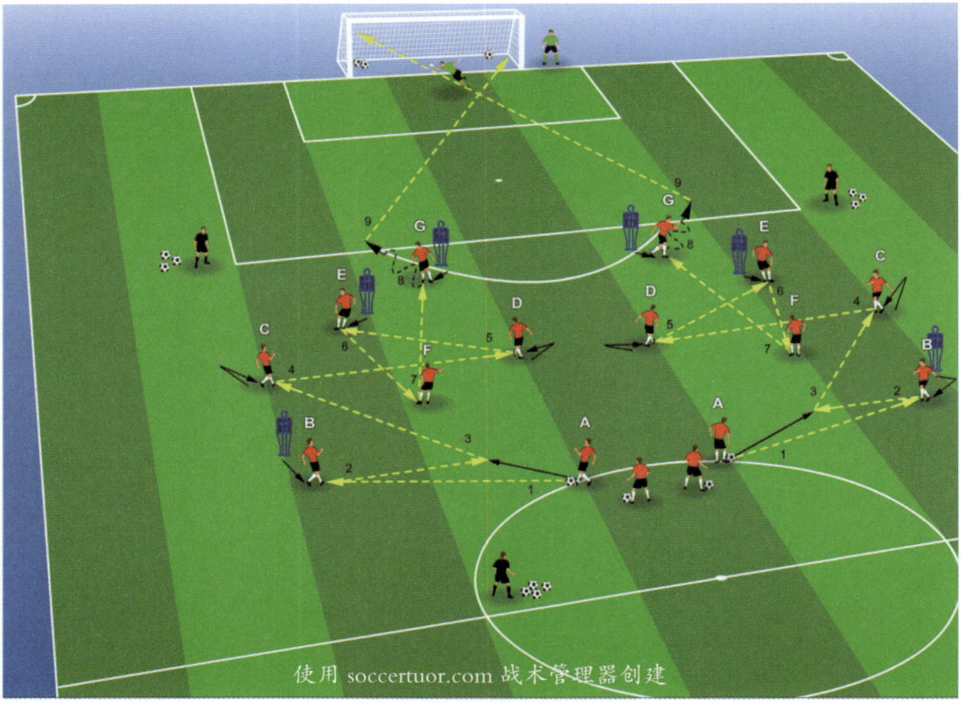

每组 8 名球员，球员在传球后轮转到下一个位置：

A → B → C → D → E → F → G → A。

训练目标

传球、接球、转身、完成射门。

训练方法

- 球员 A 将球传给人体模型前面的球员 B。
- 球员 B 向内传球给接应的球员 A。
- 球员 A 传球给球员 C。
- 球员 C 向内传球给球员 D。
- 球员 D 传球给球员 E。
- 球员 E 回传给球员 F。
- 球员 F 向前传给背对球门的球员 G。
- 球员 G 远离人体模型（防守球员）转向球门，尝试射门得分。

4. 在边路运球和使用假动作以完成射门的进攻配合　　8 ~ 10 分钟

训练目标

练习运球和接球的配合，快速改变方向并射门。

训练方法

球场两边有 2 组球员，如图所示。

· 球员 A 一脚长传将球传给中场球员斯科尔斯（B）。

· 斯科尔斯（B）将球以一定的角度向前推进。

· 斯科尔斯（B）紧跟球（配合假动作）并适时将球传给队友卡里克（C）。

· 卡里克（C）向相反的方向移动以改变进攻的方向。

· 卡里克（C）紧跟着球 [配合假动作并适时将球传给在内线快速跑动的罗纳尔多（D）]。

· 罗纳尔多（D）将球带向球门（快速改变方向），射门得分。

指导要点

· 带球，并在正确的时刻用后脚跟（配合假动作）大力射门。

· 罗纳尔多（D）必须向球门快速运球，并在禁区外大力射门（或者用绕过守门员的弧线球射门，如图所示）。

5. 3 种实用的进攻配合套路（传球—移动—传中—射门）　　15 分钟

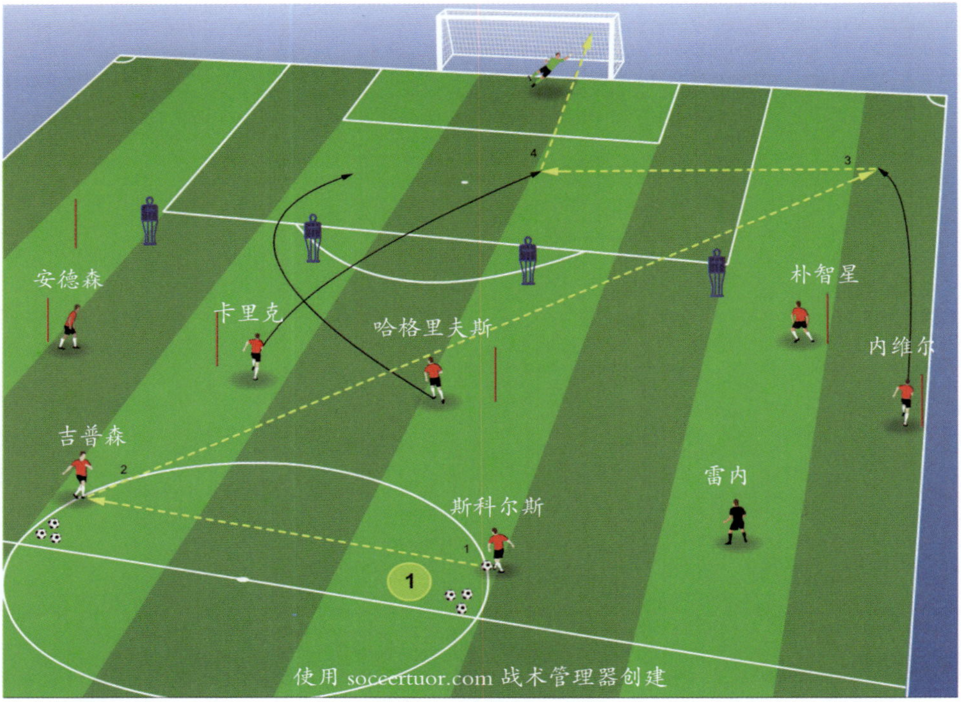

训练目标

渗透传球、移动配合、传中、适时跑动和射门。

训练方法（1/3）

球 1

· 斯科尔斯传球给吉普森。

· 吉普森在中后卫和左后卫内维尔之间传了一个低平球，同时，禁区内的哈格里夫斯和卡里克开始向不同方向跑动。

· 内维尔把球回传至禁区。

· 在该示例中，由卡里克接球并从近门柱射门得分（哈格里夫斯跑向后门柱）。

指导要点

· 吉普森传球的质量和内维尔跑动的时间是配合的关键，所以传中可以在第一时间被击中。

· 禁区内放慢速度跑位，找准落点后快速完成射门。

· 灵活应对并准确完成射门（头球和脚下球）。

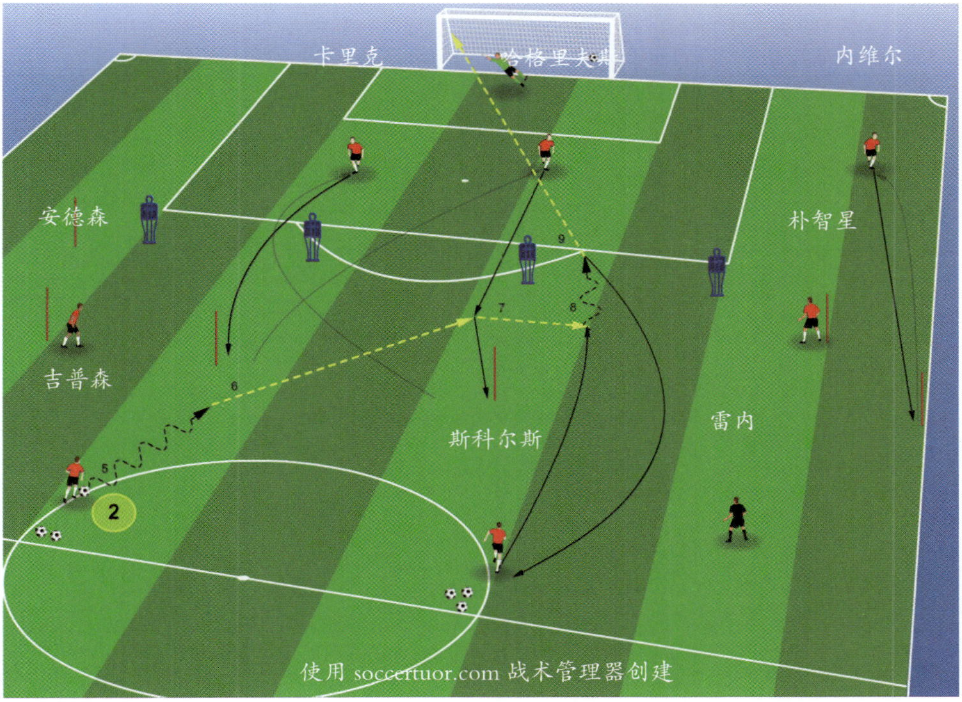

训练方法（2/3）

球 2

· 吉普森带球向前。

· 吉普森将球传给回防的哈格里夫斯。

· 哈格里夫斯做球（方形传球）给前插的斯科尔斯。

· 斯科尔斯带球至禁区边缘并射门得分。

所有球员回到初始位置，准备进行下一个球的训练。

指导要点

· 哈格里夫斯必须迅速回撤接应，为吉普森提供传球通路。

· 斯科尔斯应该使用正脚背瞄准球门的上角或下角完成射门。

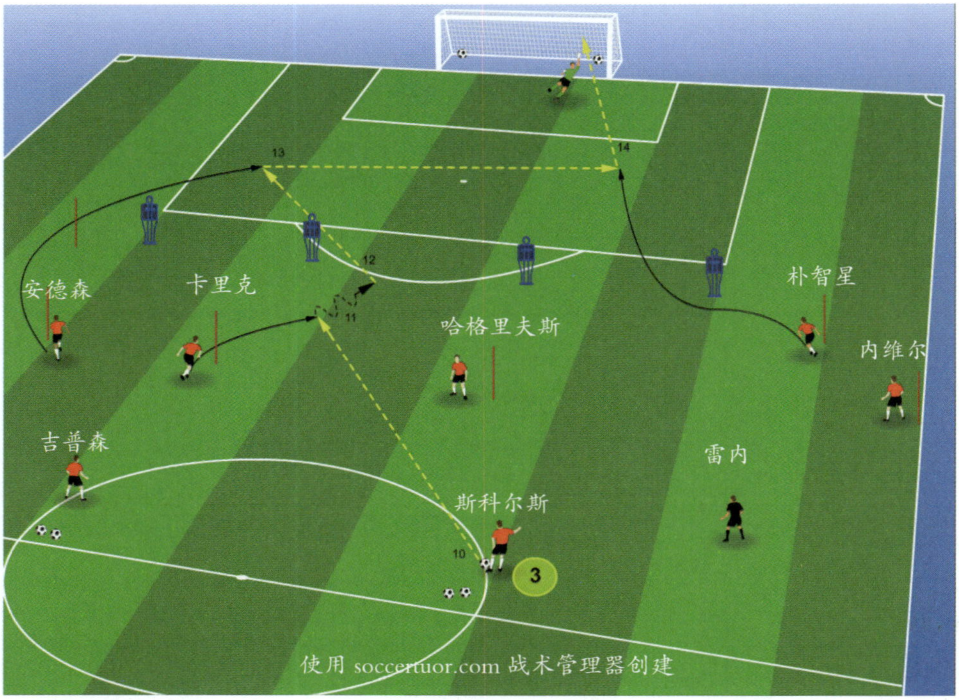

训练方法（3/3）

球 3

· 斯科尔斯向前对角传球，卡里克绕杆跑动并在中路接球。安德森也开始跑动。

· 卡里克接球并带球向禁区方向跑动。

· 卡里克在防线后方斜向传球至禁区，安德森适时绕过 2 根杆后接球。

· 安德森传球给适时跑入禁区的朴智星。

· 朴智星在后门柱射门。

指导要点

· 卡里克传球的质量和安德森跑动的时机是配合的关键，所以最后的传球可以在第一时间被击中。

· 朴智星放慢速度，找准落点后快速完成射门。

· 灵活应对并准确完成射门。

6. 战术进攻与战术防守比赛（6v5） 25 分钟

训练目标

在比赛情境中练习不同的进攻组合。

训练方法

· 在半场内打 6v5 的比赛。

· 红队有 2 名中场球员，即卡里克和斯科尔斯。

· 红队的 4 名边锋中，吉格斯和罗纳尔多参与第一阶段的进攻，纳尼和朴智星休息。

· 红队的 2 名前锋为鲁尼和特维斯。

· 蓝队的后卫为内维尔、费迪南德、维迪奇和埃弗拉，后腰为安德森。

· 守门员抛球，练习开始，红队发起 6v5 进攻。

· 红队的目标为绕过或穿过防线，快速移动得分。

· 蓝队一旦赢得球权球员须一起向前推进，将球推向蓝色区域的守门员。

指导要点

合理利用不同的进攻配合：一脚触球配合、运球并传球给队友（脚后跟传球，接球后快速改变运球方向）、传球、移动、传中、射门等。

曼联的训练课程示例 8：射门

1. 自行车训练 + 预防伤病训练　　15 分钟

2. 8v2 区域训练（1 脚触球）　　10 分钟

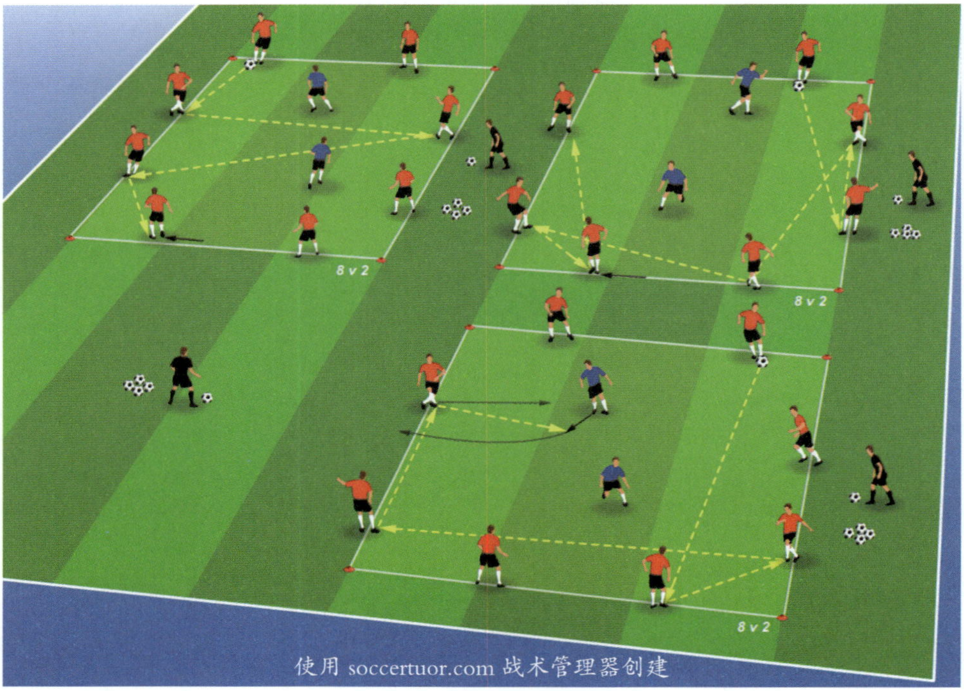

训练方法

· 每 10 名球员为一组在 8 码 ×8 码的区域训练。

· 区域外围的 8 名球员的目标是保持控球权，尝试使用 1 次触球。不允许传球给同一个球员。

· 区域内的 2 名球员（蓝队）配合以压缩空间并赢得球权。

指导要点

· 注意周围环境。

· 快速移动双脚。

· 判断自己是否能打破防线，是否需要快速移动到对手身前。

· 快速决定何时长传、何时短传。

· 正确传球并使用假动作。

3. 结合速度、灵活性训练的多种射门循环练习　　3×6 分钟

A 组球员

· 绕杆跑到最后一杆的右边，然后转身朝球门方向跑（如图所示）。

· 教练传地滚球或高空球，球员用地滚球或头球射门得分。

B 组球员

· 绕 2 根杆跑后冲向黄色标志杆球门。

· 教练抛球。

· 球员凌空抽射或半凌空抽射得分。

C 组球员

· 绕过标志杆后冲向球门。

· 教练传地滚球或高空球，球员用地滚球或头球射门得分。

在一个区域重复训练 4 次后，球员移到下一个训练区域（顺序为：A → B → C → A）。

指导要点

· 两次触球射门：良好的第一次触球后射门。

· 一次触球射门：身体平衡与正确的手臂动作。

· 在用右脚击球之前，将左臂摆动到球上方（反之亦然）。

· 选择正确的射门类型。

· 击球的中部并继续跟随。

· 发力前要保证用力准确。

· 头球破门时要用力。

· 起跳的时机是头球破门的关键。挺直背部，头球射门。

4. 4v4（+1）有守门员的快速射门和抢断拦截训练　　4×2 分钟

训练目标

快速转移球，合理跑动，快速准确射门。

训练方法

· 在如图所示的区域中设置了 2 个场地的比赛。

· 进攻方有 1 名中场球员、2 名边锋、1 名前锋及 1 名黄色串联球员。

· 防守方有 4 名后卫。

· 进攻方节奏很快，通过不断转移球、合理的跑动和配合来创造机会并射门。

· 串联球员的加入使进攻方具有人数优势（5v4），并且随时都能创造快速进攻的机会。

· 球门前的阴影区域为射门区域。

·防守方的目标为通过协作封堵射门，重点是看可以阻挡多少次射门。

·进攻方通过进球得分，防守方则通过封堵射门得分。

·双方打 4 组、每组 2 分钟的比赛。两支球队每 2 分钟交换一次，所有球队都有对抗机会。

指导要点

·预判拦截，配合假动作（假装射门）、技能和移动来创造射门机会。

5. 8v8（+2）有守门员的快速射门和拦截比赛　　3×4 分钟

这是练习 4 的进阶变化，共有 20 名球员（包括守门员）在区域内参与训练。

训练方法

·守门员开球。

·进攻节奏紧凑，进攻球队通过不断地移动球、合理地跑动和配合来创造机会并射门。

·2 名串联球员的加入使进攻方有人数优势（10v8），并且随时都能创造快速进攻的机会。

·球门前的阴影部分为射门区。

· 防守方的目标为通过协作封堵射门。

指导要点

· 增加进攻人数以加快进攻的速度。

· 找准射门位置后要把握住射门机会，利用假动作等防止射门被阻挡。

· 如果在禁区外射门，则要继续跟进并抢反弹球。

· 4 名后卫通过合理的跑动在禁区内找到射门的机会。

· 防守球员紧密配合, 向持球球员施压并勇于拦截。

6. 在大场地战术训练中完成不同形式的进攻和射门　　30 分钟

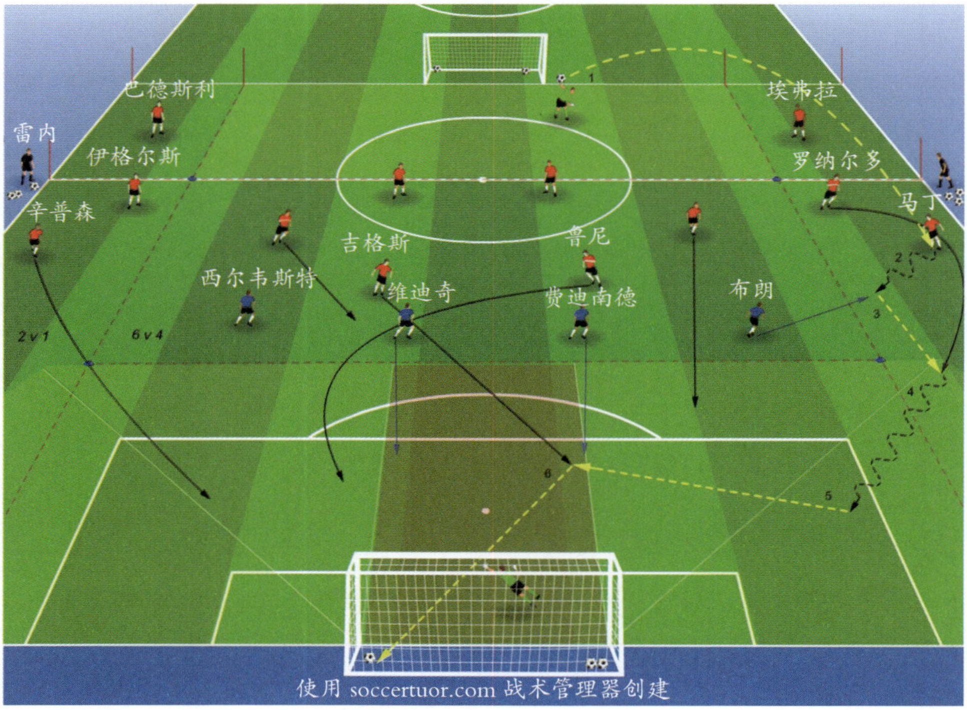

训练方法

· 在图中所示区域内标记出 3 个中间区域和 2 个宽区域。

· 射门区域为球门前的阴影部分。

· 守门员将球踢或抛给边锋（或中场球员）。每次进攻都在通过中间区域或边路区域间交替进行。

· 如果红队通过中路进攻，他们需要利用 6v4 的人数优势得分。

· 如果红队决定边路进攻，则要创建一个 2v1 的对抗情境，且 1 名蓝队的中后卫（布朗）退出防守。

· 每次边路进攻都有 2 名球员参与（马丁和罗纳尔多后套）。左后卫埃弗拉一直休息，直到下次进攻时套边跑。

·2 名边路球员突破后卫后需要通过传中让队友得分，因此右边锋（辛普森）加入了进攻。

· 一个边锋（辛普森）休息。右后卫巴兹利也休息至下一次进攻。红队再次向边路进攻时，其中一个边路球员提供支援，并提供一个深交叉（以改变进攻）。

· 蓝队后卫须专注于协同防守，拦截来自中路的进攻或来自边路的传中。

曼联训练课程示例 9：防守阵型、压迫和反抢

1. 自行车训练 + 伤病预防训练	15 分钟
2. 8v2 区域训练	10 分钟
3. 防守阵型和移动训练（热身）	16 分钟

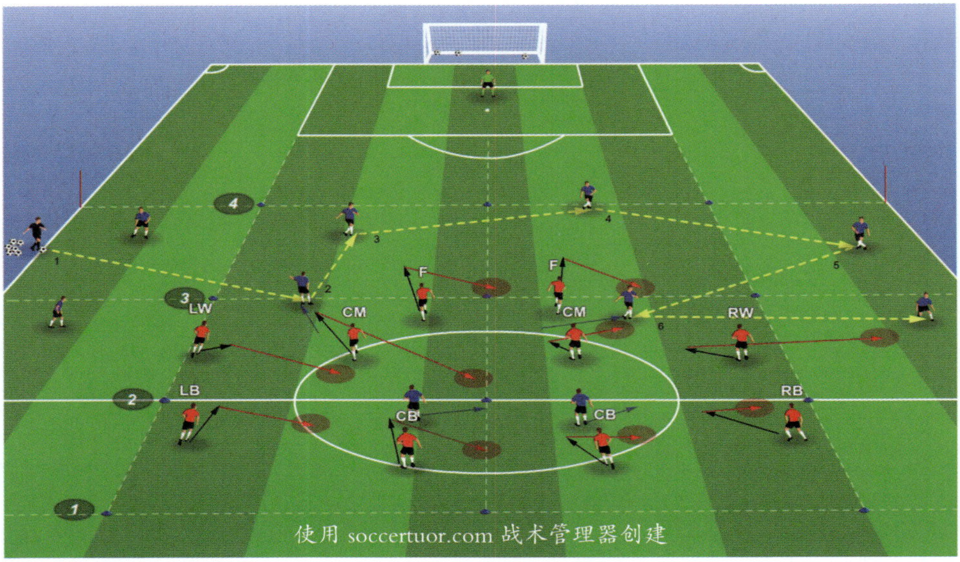

训练方法

· 在划分出的 12 个区域内进行 11v11 防守阵型训练。蓝队球员练习相互传球，红队进行队形调整并进行防守移动练习。

· 两队在 8 分钟后交换角色。

· 红队球员在球向后传时前插。

· 当球传到边路时仅转移球。

· 保持正确的防守阵型。

· 当对手有时间向前传球时后撤。

4. 在 10v11 战术训练中实施高位压迫　　8 ~ 10 分钟

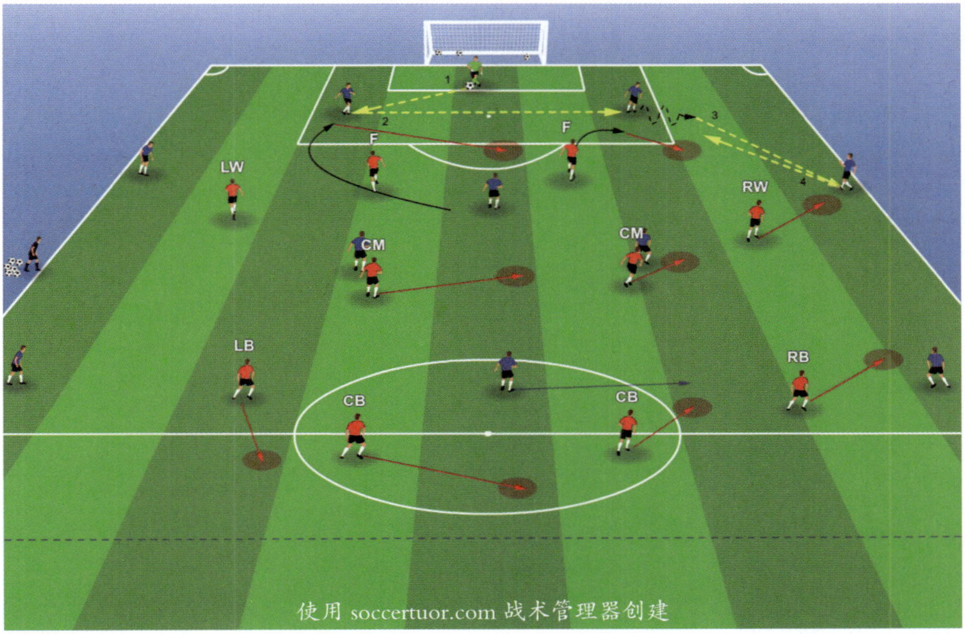

训练目标

防守球员从守门员传球后开始高位集中压迫，阻止对方组织进攻。

训练方法

· 蓝队守门员将球传给一名中后卫。

· 蓝队尝试组织进攻并穿透红队的压迫，目标是将球转移（传球或带球）出自己的半场并超越蓝色虚线。

· 红队在球场上进行高位压迫（参见“指导要点”）并尽可能快速获得球权。

· 如果红队高位压迫得球，他们必须在 20 秒内将球打进。

· 如果红队在中场得球，他们则可以带球进攻（如果有空当的话）或保持控球权。

进阶变化

· 在完整的球场上进行 11v11 的比赛。

指导要点

· 选择最佳的压迫起始位置。

· 前场 3 人应该占据一半的位置，这样他们可以同时兼顾 2 名对手。

·识别实施高位压迫的条件（正确的时机）。

·将球逼到边路。

·追赶、压迫任何面向自己球门的对方球员。

5. 在动态10v10攻防转换比赛中的防守阵型训练和反抢　8～10分钟

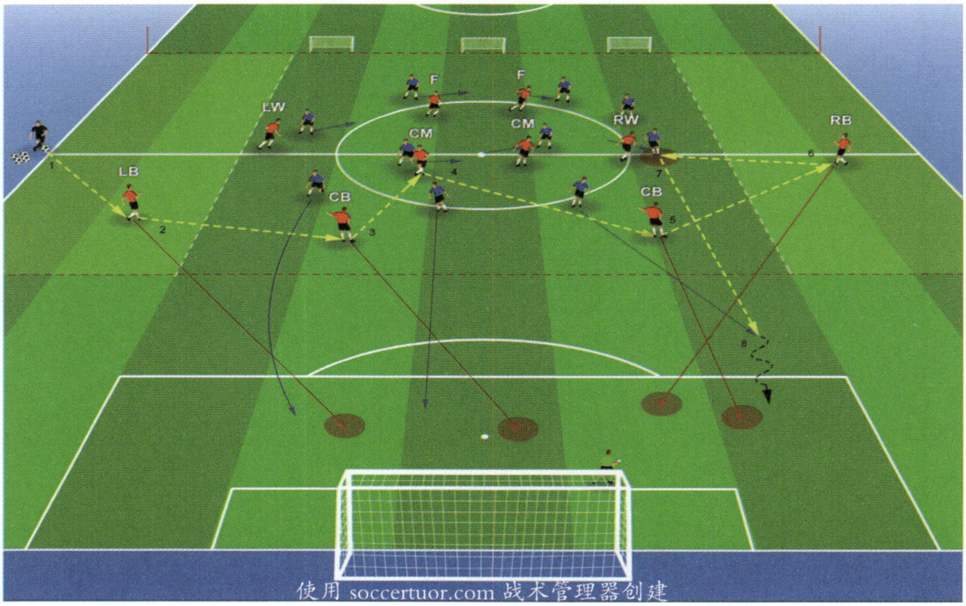

训练目标

利用战术组织、防守阵型和反抢来阻止潜在的反攻。

训练方法

·教练将球传给一名红队防守球员（图示中的左后卫）。

·红队组织进攻并尝试将球踢进任意的小球门。

·蓝队在中场区域内保持紧凑的防守阵型，并尝试将对方压迫至边线区域。

·如果蓝队得球，他们须发起快速进攻（反击）并进球得分，红队则应快速跑动以恢复阵型来拦截对方的进球。

指导要点

·球被转移时要迅速做出反应。

·离球最近的球员应该实施压迫并拖延对方的反击。

· 当对方球员低头或面向自己的球门时，压迫要凶狠。
· 如果对手抬起头且有空当进攻，选择后撤。
· 对向前传球要有预见性并迅速做出反应。
· 尝试拦截和赢得球权。

6. 在有多种变化形式的 11v11 攻防转换比赛中训练防守阵型和反抢

4×6 分钟

训练方法

球 1

· 教练传球给中后卫费迪南德或维迪奇。
· 红队组织进攻，尝试倒三角传球或渗透后进球。

球 2

· 第 1 轮进攻完成后，教练再次传球给红队，他们继续进攻。

球 3

· 教练将球传给蓝队以发动快速进攻（反击）。

· 红队防守球员快速跑动以反抢并恢复防守阵型。

蓝队如何进球（4x6 分钟）

· 第 1 个 6 分钟：带球过蓝色虚线。

· 第 2 个 6 分钟：带球过标志杆球门。

· 第 3 个 6 分钟：将球射进 4 个小球门中的 1 个。

· 第 4 个 6 分钟：将球射进有守门员的大球门。

指导要点

· 中后卫费迪南德或维迪奇提供协防保护（防守潜在的反击）。如果防守失败，尝试拖延对方，并将他们压迫至边线。

· 边后卫和中场球员应尽快回防拦截对方的进球。

曼联训练课程示例 10：由守转攻

1. 自行车训练 + 预防伤病训练	15 分钟
2. 8v2 区域训练	10 分钟
3. 7v7（+7）的控球比赛（热身）	3×6 分钟

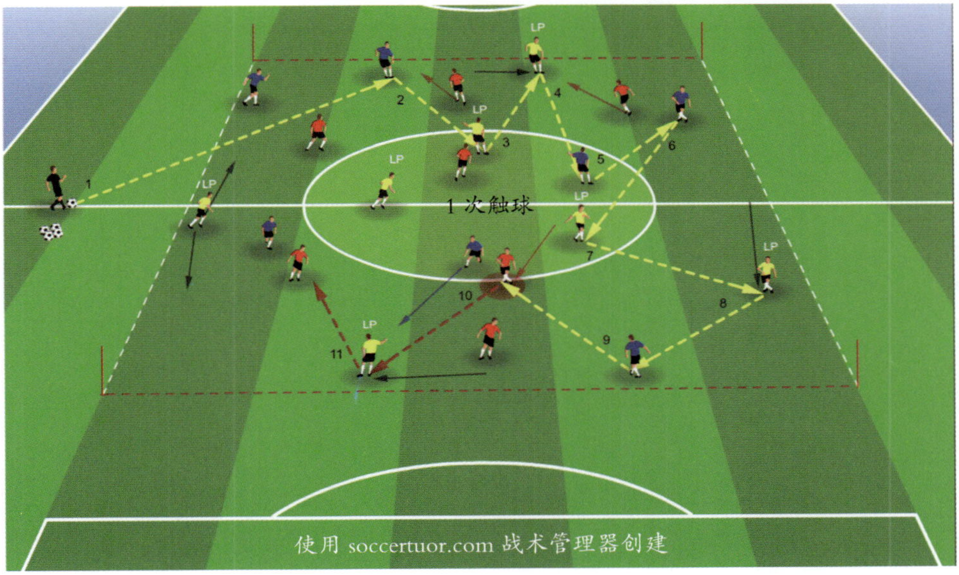

训练方法

·第 1 个 6 分钟：进行如图所示的 7v7 且包含 7 名串联球员的控球比赛。

·第 2 个 6 分钟：串联球员在外围移动，其中 2 名分别在两条底线处，边路没有串联球员。

·第 3 个 6 分钟：串联球员中，1 名在中圈，2 名分别在两条底线处，1 名在边线。

指导要点

·控球方保持控球。

·中圈内的球员只能一脚触球。

·所有串联球员在整个练习中保持 1 ～ 2 脚触球。

·串联球员经常变换。

4. 7v7（+7）设定条件的转换比赛 4×4 分钟

训练目标

利用串联球员来拉开宽度和深度以进行反击和支援，最终完成射门。

训练方法

· 在面积为球场一半的场地内进行 7v7、包含 7 名串联球员的比赛。

· 教练将球传给其中 1 支球队。在该示例中，由蓝队组织进攻并得分。

· 关键规则：只有在外围串联球员触球后的射门才能得分，且串联球员仅限一脚触球。

· 红队尝试赢得球权并发起快速反击得分，同样是在外围串联球员触球后才能射门得分。

· 每个阶段的练习都从教练的传球开始。

· 每 4 分钟轮换一次串联球员。

指导要点

· 时刻关注串联球员的位置（串联球员一直在制造宽度与深度）。

· 利用串联球员快速转移球并远离对方。

· 识别向前进攻的正确时机。

· 良好的支援跑动以完成进攻。

5. 7v7（+1）带有守门员的整体转换的比赛　　2×8 分钟

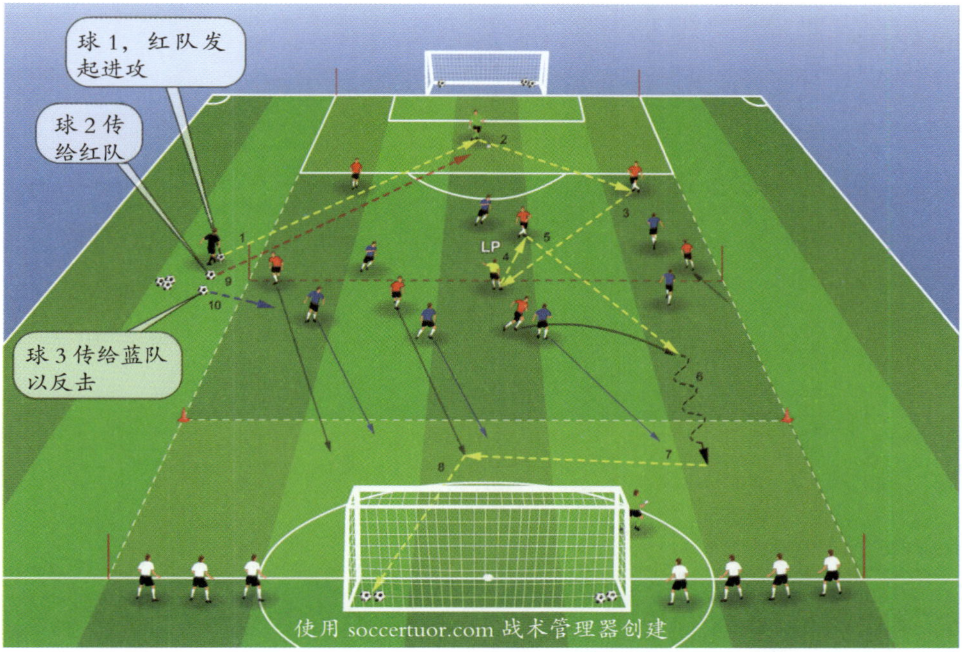

如图所示，场地划分为 3 个区域，中间有半场线，每支球队有 7 名球员，另有 1 名串联球员和 2 名守门员。

训练方法

球 1

· 教练传球给守门员，守门员将球短传给红队，红队组织进攻并尝试在 1 名串联球员的帮助下射门得分。

· 如果蓝队获得球权，他们须发起反击并尝试射门得分。

球 2

教练传球给红队守门员。红队重复第 1 阶段的训练内容——组织进攻和尝试射门得分，蓝队同样尝试获得球权并发起快速反击。

球 3

教练传球给蓝队以使他们发起反击。

暂停

完成3个阶段的训练（3个球）后，白队替换红队上场。红队在场外休息，场上是蓝队成为进攻方，白队成为防守方。

指导要点

· 1 ~ 2脚快速配合（快，但别急）。

· 留意前锋跑动和关键传球。

· 最后的传球和回传要保证质量。

· 灵活应对场上局势：控球方须向前跑动并尝试进球得分，丢球方应快速回防并尝试夺回球权，守住球门。

6. 设定条件的11v11控球比赛：控球、防守+反击　　8 ~ 10分钟

使用soccertuor.com战术管理器创建

训练目标

通过有效拦截获得球权+向前快速移动到防线后（快速反击）。

训练方法

· 在边线和对方的禁区之间训练，划分出2个结束的区域。

· 规则：必须将球传起来。

- 教练将球传给任意一队的防守球员。
- 在该示例中，蓝队组织进攻并尝试射门得分。
- 红队尝试得球并发起快速反击，目标是射门得分。
- 蓝队丢球后，防守球员要快速回防并恢复防守阵型以守住球门。

进阶变化

在相同场地进行常规 11v11 比赛，训练重点为控球、防守 + 反击。

指导要点

- 观察场上形势并拦截传球。
- 占据正面对手的侧方防守位置并上前拦截。
- 夺得球权后须尽快向前传球。
- 利用空当向前跑动。